Este libro pertenece a:

____

Descargo de responsabilidad

He recopilado información, datos, transcribiendo de las fuentes consultadas. Otros posibles usos más allá de los recogidos en este libro caen dentro de las decisiones personales del lector, así cómo el resultado de la acción de cada persona.

Oviedo, 2024

ISBN: 978-84-09-66857-1

Depósito Legal: AS 03129-2024

Printed in Spain – Impreso en España Impreso en Olsaf Graf

Las flores de
Jane Austen

Propiedades y recetas

Libro para colorear

Lu Laforesta
www.enlaforesta.com

¡Bienvenida a este pequeño rincón floral inspirado en el universo creativo de Jane Austen!

Soy Lu Laforesta, la autora de este libro, y me gustaría contarte por qué me inspiré en nuestra amada Jane como musa para esta aventura en forma de libro para colorear.

Jane, como muchas de nosotras, encontraba alegría en las pequeñas cosas: un paseo por el campo, el aroma de las rosas en el jardín, o el simple acto de bordar (que en este caso, será colorear y también bordar). Ya por aquel entonces, Jane entendía la necesidad de esos momentos de calma y reflexión, algo tan necesario hoy en día.

Este libro es mi forma de invitarte a tomar un respiro. Imagina que estás en *Longbourn*, o quizás en la *Abadía de Northanger,* con una taza de té a un lado y sus colores al otro. Mientras das vida a estas flores, estás conectando con la esencia misma de las historias de Austen: la belleza de lo cotidiano, la importancia de los pequeños placeres.

Y para hacerlo más interesante, he incluido recetas, arreglos florales, usos,propiedades y significado emocional de cada flor.

¿Quién sabe? Tal vez te animes a preparar una infusión de rosas como la que podría haber tomado Emma Woodhouse, o a plantar lavanda en tu jardín como la que crecía en *Mansfield Park.*

Este libro es un espacio para ti. No hay reglas ni expectativas. Si un día quieres pintar una rosa de azul, ¡adelante! Jane Austen escribía sobre mujeres que desafiaban las convenciones, así que sé libre para hacer lo mismo con tus colores.

Espero que este libro te regale momentos de paz, creatividad y conexión con una de las autoras más queridas de todos los tiempos.

Y por último, pedirte que fueras tan bonita de compartir tus creaciones conmigo y otras lectoras en Instagram.

#lasfloresdejaneausten

@enlaforesta

Tips para disfrutar al máximo tu experiencia:

Elige un lugar tranquilo y cómodo.

Experimenta con diferentes materiales: lápices de colores, ceras.

Varía la presión al colorear para lograr distintas tonalidades con el mismo color.

Empieza con 3-4 colores por diseño para no sentirte abrumada.

No temas salirte de las líneas, recuerda, no hay reglas estrictas.

Haz pausas regulares para descansar la vista y las manos, tomarte un té, sentir el aroma de algún aceite esencial.

Prueba técnicas sencillas como el sombreado o el degradado en áreas pequeñas.

Concéntrate en el momento presente mientras coloreas, observando los colores y sensaciones.

Recuerda que el proceso es más importante que el resultado final - ¡disfruta el momento!

Personaliza los diseños añadiendo tus pequeños detalles, si así lo deseas.

Escucha *Andante* del Concierto para piano No. 21 en do mayor, K. 467, segundo movimiento de Mozart o cualquier otra pieza suya.

No hay forma correcta o incorrecta de hacerlo, lo importante es que disfrutes del momento.

Jane y las flores

Nuestra querida Jane, era una persona observadora, atenta al detalle que vivió la mayor parte de su vida en la campiña inglesa. Esta experiencia directa con la naturaleza influyó en sus descripciones de paisajes y jardines, y es probable que las flores que aparecen en sus novelas fueran parte de su entorno cotidiano.

Los jardines de su hogar en *Chawton Cottage*, donde escribió algunas de sus mejores obras, fueron cuidados por ella misma y su familia, lo que muestra su conexión personal con las flores y su cultivo.

Las flores desempeñan un papel sutil pero significativo en las novelas de Jane, reflejan el entorno social y emocional de sus personajes. Aunque no hace un uso explícito del lenguaje de las flores (como lo haría más tarde la sociedad victoriana), ya se les atribuían significados y símbolos a muchas de ellas, y Jane sabía cómo usarlas para darle más profundidad a sus relatos.

Los jardines y los paseos por el campo aparecen en muchos pasajes en las novelas de Austen. En obras como Orgullo y prejuicio o Emma, las caminatas entre las flores son momentos en los que los personajes piensan, conversan o se enfrentan a sentimientos nuevos.

Ahora, dime, ¿cuántas veces has necesitado aclarar tus ideas y despejar tu mente?.

La próxima vez que sientas esa opresión en el pecho o esa confusión mental, piensa en Jane, en sus inteligentes mujeres y no dudes en emular sus paseos y caminatas entre flores y árboles.
Llévate tus lápices, este librito y colorea, sentirás una forma creativa de estar presente en el momento, menos ansiedad y te conectarás contigo misma.

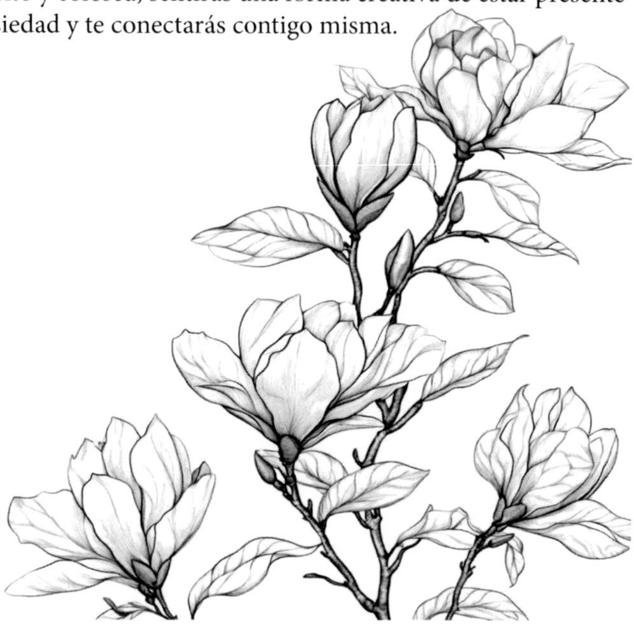

La floriografía

Pero antes de que te dejes invadir por el espíritu de Jane, quiero hablar de la floriografía, el lenguaje de las flores.

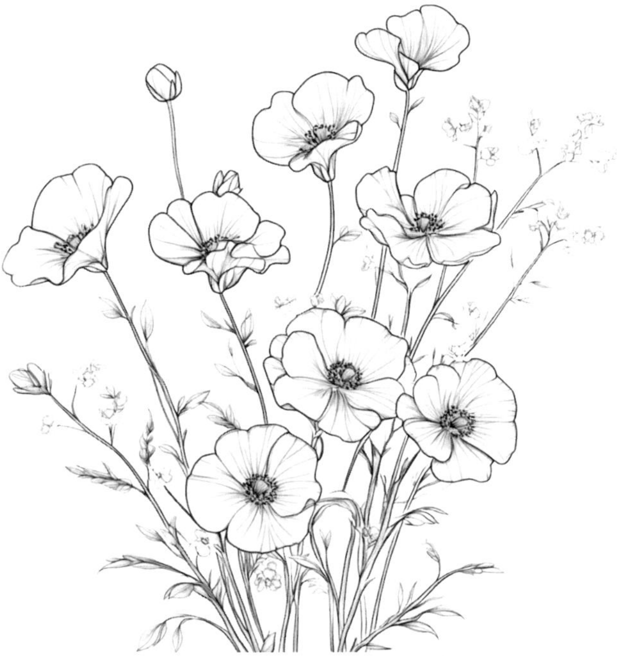

Es una forma de comunicación simbólica que asocia flores y plantas con significados específicos. A través de ellas, las personas expresaban sus sentimientos y mensajes sin palabras usando arreglos florales, ramos o flores perdidas un rincón. Podían transmitir amor, amistad, gratitud, o incluso rechazo.
Se popularizó especialmente en la época victoriana (1837-1901), cuya rigidez social limitaba enormemente la expresión directa de emociones, particularmente en asuntos de amor y romance.
Los significados de las flores variaban según el contexto cultural y geográfico, pero algunos se volvieron bastante universales en la sociedad occidental. No solo la especie de la flor tenía significado, sino también su color, la forma en que se presentaba y su combinación con otras flores.
Este código fue sistematizado por Elizabeth Washigton Gamble Wirt en *Flora's Dictionary*, 1835, un delicioso diccionario en el que la autora recoge el significado de 200 flores, de la acacia a la zinnia.
Aunque la floriografía alcanzó su auge en la época victoriana, su influencia todavía se percibe actualmente, piensa en las bodas, funerales, San Valentín...

Cleveland era una casa amplia, de moderna construcción, ubicada en la pendiente de una loma cubierta de pasto….y como cualquier otro lugar de la misma importancia, tenía su monte bajo y su alameda; por un camino de grava lisa que circundaba una plantación se llegaba al frontis de la casa; el césped estaba salpicado de árboles; la casa misma se erguía al amparo de abetos, serbales y acacias...

Austen, J.
Sentido y sensibilidad

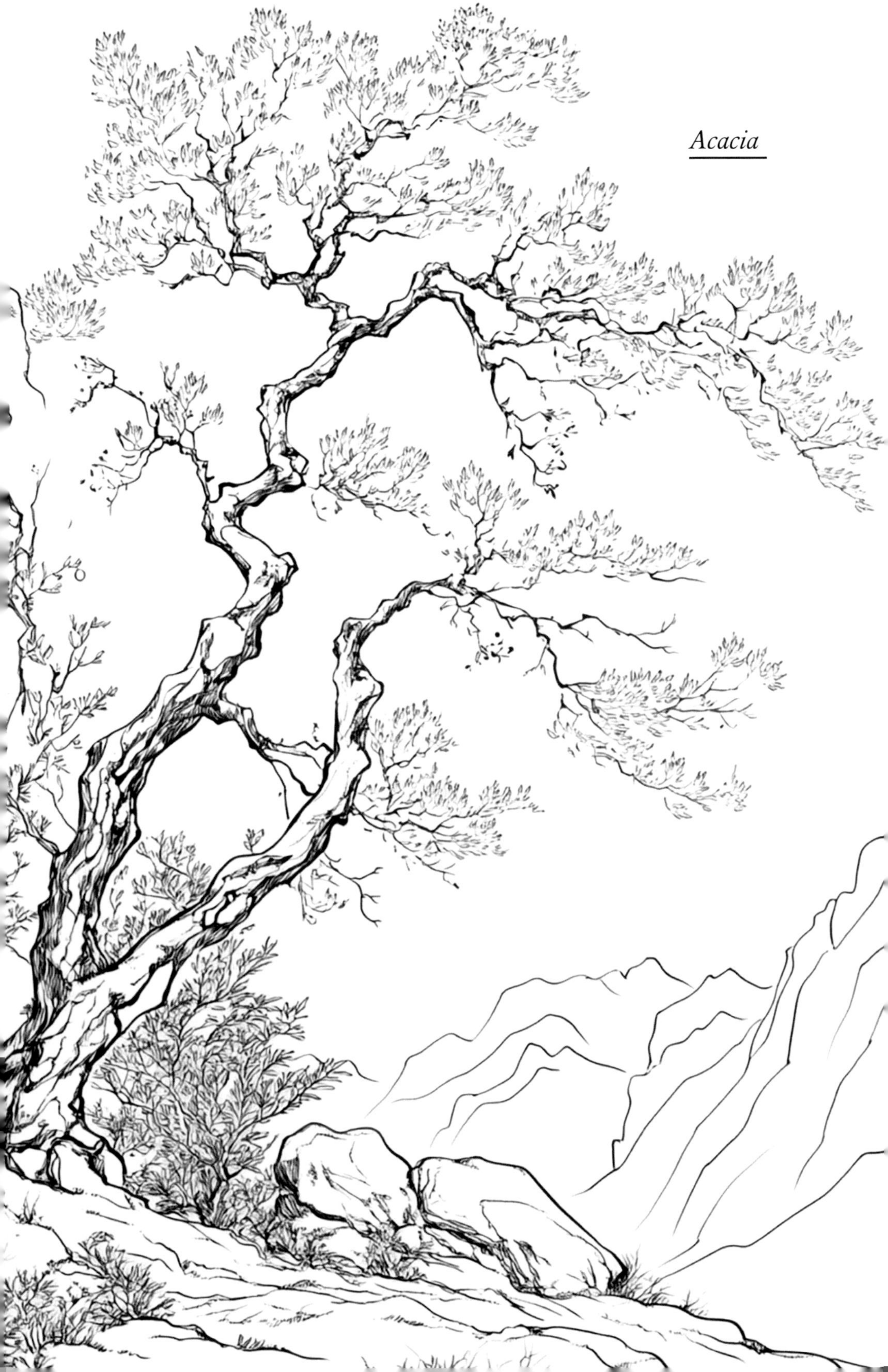

Acacia

Acacia, Acacia mangium

Nativa principalmente de Australia y África.

En el Antiguo Egipto, la madera de acacia se usaba para construir barcos y muebles, según sus creencias ahuyentaba la mala suerte, y además utilizaban la goma de acacia en el proceso de momificación. Los griegos y romanos conocían la acacia, principalmente por sus propiedades medicinales. Plinio el Viejo menciona la acacia en su obra *Naturalis Historia* para tratar diversas dolencias.

Durante la era de los descubrimientos, las exploraciones y el comercio global permitieron la introducción de especies exóticas, entre ellas la acacia, que fue muy valorada por adaptarse a diferentes climas y su uso en la industria maderera y farmacéutica.

En el siglo XX, se descubrió la capacidad de las acacias para fijar nitrógeno, lo que las hizo valiosas en la agricultura y la reforestación y hoy en día son importantes en la lucha contra la desertificación en África.

Significado emocional y cultural

En el antiguo Egipto estaba vinculada a la vida eterna, en especial a Osiris, el dios de la muerte y la resurrección. En la religión judeo-cristiana simboliza protección, santidad y durabilidad, de hecho el arca de la alianza, que contenía la tabla de los Diez Mandamientos, fue construida con madera de acacia (Éxodo 25:10). Tiene gran importancia para la masonería que la asocia con la inmortalidad del alma, la pureza y la resiliencia y la menciona en varios rituales.

En varias culturas africanas, la acacia es un símbolo de vida y resistencia ya puede prosperar en condiciones áridas y difíciles. Además, en algunas tradiciones se considera un árbol sagrado con poderes protectores

En el lenguaje victoriano de las flores simboliza el amor platónico y secreto, se ofrecía para demostrar afecto o admiración profunda pero reservada. También representa una amistad duradera y sincera, simbolizando la estabilidad y la confianza en una relación de amistad. Ofrecer acacia a un amigo era un gesto de aprecio y respeto.

En *Sentido y sensibilidad*, Elinor Dashwood, enamorada en secreto de Edward Ferrars, representa la razón y el autocontrol frente a las tormentas emocionales. Al igual que el árbol que florece en los climas más duros, Elinor sobrevive a sus desafíos personales con dignidad y perseverancia, manteniendo su pureza emocional incluso cuando su corazón está en juego.

Usos y propiedades

la acacia es un árbol de gran valor tanto por sus propiedades medicinales y ecológicas como por sus usos industriales y simbólicos

Es antiinflamatoria: reduce inflamaciones, antiséptica: previene infecciones, demulcente: alivia la tos e irritaciones, prebiótica: mejora la salud digestiva, regeneradora: ayuda a restaurar suelos y ecosistemas.

ARREGLO COLGANTE DE ACACIAS

Vamos a crear un arreglo colgante de acacias para traer magia ancestral al hogar. Cuando estés creando tu arreglo, piensa en la acacia como símbolo de amistad, fortaleza, pureza y renovación. y déjate llevar por estos sentimientos. Una vez hecho colócalo en la entrada de tu casa para protección, en el dormitorio para renovación, o en tu espacio de trabajo para inspiración.

¿Qué necesitas?

Racimos frescos de flores de acacia (la cantidad dependerá de la longitud de la guirnalda que desees hacer) y eucalipto
Hilo de floristería o cuerda fina natural
Alambre de floristería y tijeras

Corta los tallos a unos 10-15 cm de largo.puedes mezclar las flores de acacia con otras flores pequeñas o ramas verdes, como eucalipto o helecho, para dar variedad de texturas y colores a la guirnalda.
Toma un ramito y asegúralo al alambre envolviéndolo firmemente con el hilo.
Añade otro sobre el primero, cubre el tallo con las flores, y envuélvelo de la misma manera.
Repite este proceso, solapando los racimos de flores para que se cubran los tallos a medida que avanzas.
Una vez que llegues al final de la guirnalda, asegúrate de cubrir bien el último tallo con flores, envolviéndolo con más hilo o cuerda.
Si usaste alambre como base, dobla los extremos del alambre para que no queden puntas afiladas.

Tips

Para hacer esta guirnalda utiliza *Acacia dealbata*, conocida vulgarmente como mimosa.

Florece de enero a marzo y es una delicia coger ramas de mimosa durante un paseo por el campo, si es por la mañana mejor, porque están más frescas y perfumadas.

Si no las encuentras salvajes, cómpralas en floristeria o mercados de flores, merece la pena que inunde tu estancia con su aroma y su simbología.

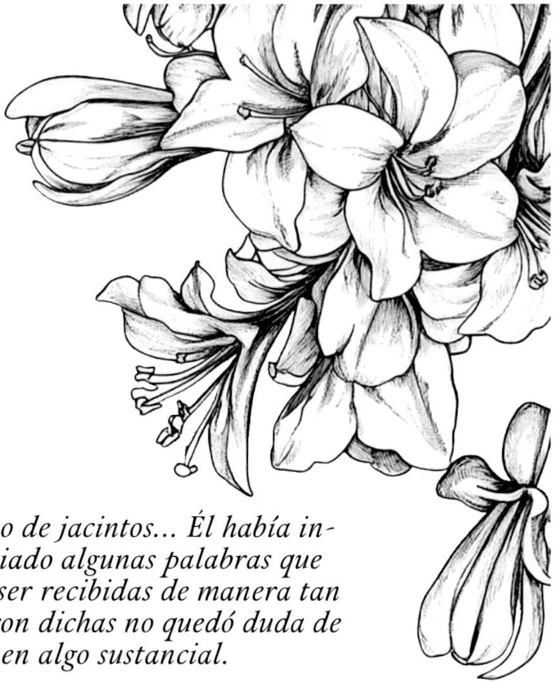

Jane Fairfax recibió un ramo de jacintos... Él había inclinado la cabeza y pronunciado algunas palabras que solo ella pudo escuchar y al ser recibidas de manera tan racional y amable como fueron dichas no quedó duda de que estaban fundamentadas en algo sustancial.

Austen, J.

Emma

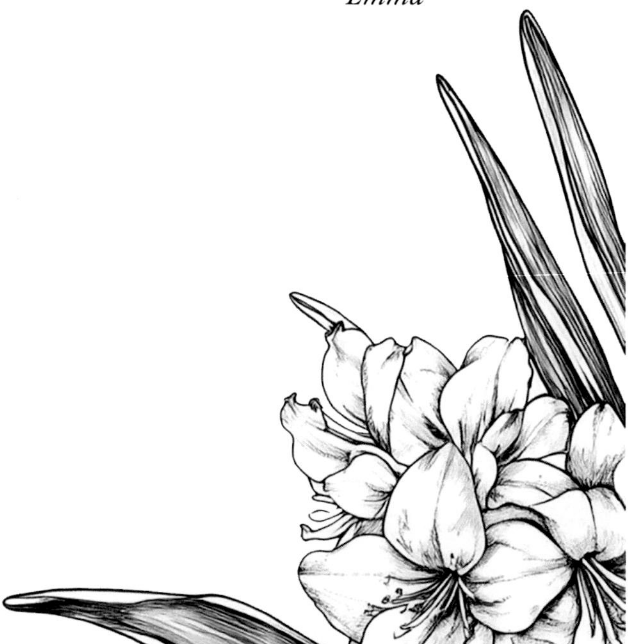

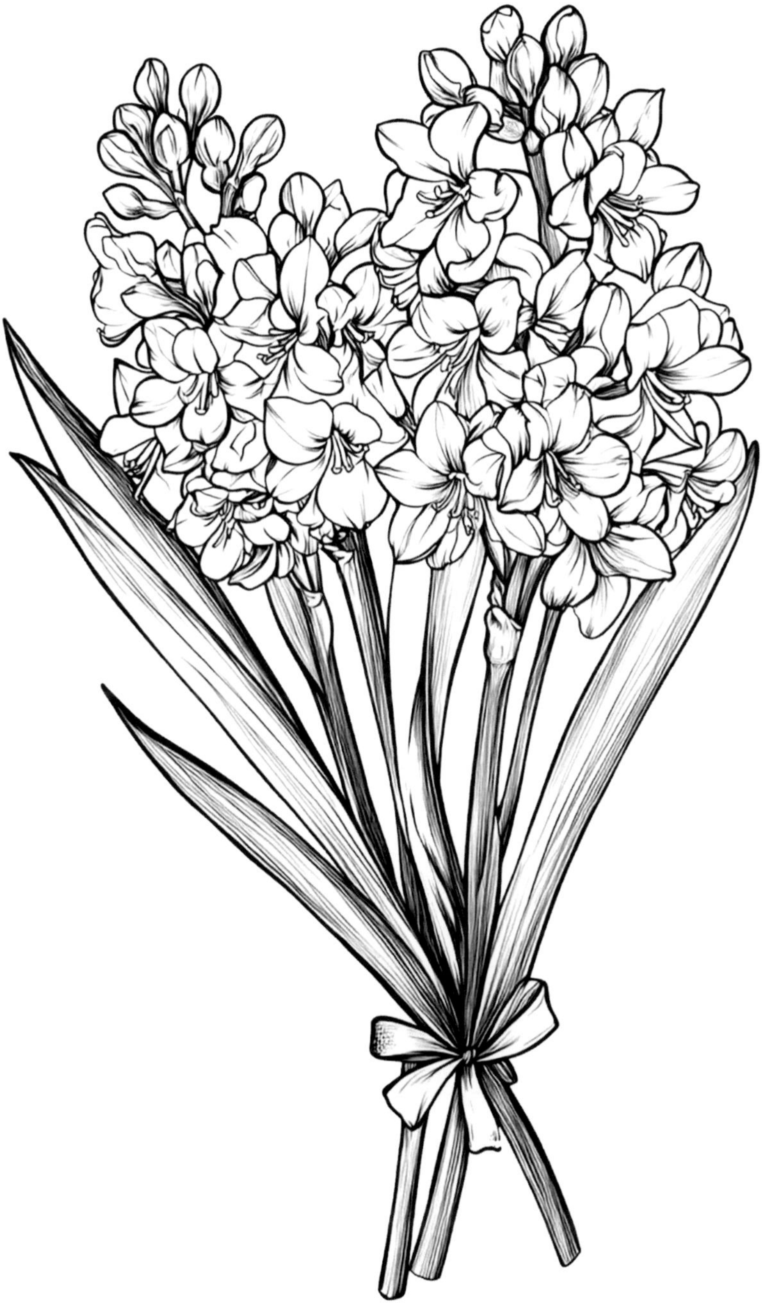

Jacinto

Jacinto, *Hyacinthus orientalis*

Es una planta con aroma envolvente y flores coloridas.

Originaria del Mediterráneo y Asia Menor, llegó a Europa en el siglo XVI. Durante los siglos XVII y XVIII, se popularizó ampliamente por todo el continente, aunque fue en Holanda donde se cultivó de forma intensiva junto con los tulipanes. Su presencia en los jardines reprensentaba elegancia y exclusividad.

En tiempos de los dioses del Olimpo, Jacinto, un muchacho de extraordinaria belleza, enamoró al dios de la luz, la música y la poesía, Apolo, y al dios del viento, Céfiro, quién celoso de la relación entre Apolo y Jacinto, provocó la muerte de este. Apolo, desesperado por su pérdida, hizo brotar una nueva flor de la sangre de Jacinto.

Y así fue cono se convirtió en símbolo de renacimiento y vida.

El jacinto y la navidad

Se planta en otoño y florece en primavera, aunque desde el siglo XVIII se fuerza su floración en maceta e interiores. De esta manera, el jacinto refuerza su simbología de nuevos comienzos y esperanza de vida, adelantado esa promesa a los fríos meses de invierno.

En Holanda y Países Nórdicos es costumbre regalar bulbos de jacinto para forzarlos a brotar en el interior de las casas durante las navidades.

Desde Laforesta, desde hace ya mucho tiempo que hago kokedamas de jacintos para navidad, como presente de buena voluntad y amor.

También lo utilizo como parte de la decoración floral de navidad junto con el acebo, el muérdago, y abeto.

Significado emocional

En la época victoriana, el color del jacinto definía su significado: azul representaba la fidelidad, blanco la pureza, morado el perdón, y rojo o rosado la alegría.

Jane, asocia la constancia y la lealtad con el jacinto. El ramo que Frank Churchill regala a Jane Fairfax actúa como un símbolo de la fidelidad de Frank hacia Jane, sugiriendo que, aunque su relación enfrenta dificultades,ya que está oculta, su amor permanece intacto.

Usos y propiedades

Desde siempre el jacinto se ha utilizado para la elaboración de perfumes. Tal vez conozcas *Chamade* de Guerlain, *Paris* de Yves Saint Laurent, *Pleasures* de Estée Lauder, todos llevan notas florales de jacinto.

En aromaterapia el aceite esencial de jacinto se utiliza como relajante para la elaboración de jabones y productos de cuidado personal.

JACINTOS DE NAVIDAD

Te propongo regalar un bulbo de jacinto estas navidades.
El proceso de floración del jacinto resulta una cápsula de paz dentro de toda la vorágine que vivimos en esas fechas, observar día a día cómo va creciendo hasta convertirse en una bellísima flor que inunda la habitación con su dulce aroma al anochecer.

¿Qué necesitas?

Un bulbo incipiente de jacinto
Un retal de tela bonita
Un poco de bramante o un lazo
Una etiqueta de cartón
Lápiz e intención

Los jacintos se venden de forma individual en pequeñas macetas, desgraciadamente de plático.

El color de la maceta suele indicar el color que tendrá el jacinto al brotar, blanco, rosa, azul, morado.

Envuelve la maceta con el retal de tela, dejando visible el bulbo.

Permite que la tela sobrepase un poco la maceta.

Rotula la etiqueta con el nombre de la persona a la que vas a regalar el jacinto, haz un agujero e interta el bramante o el lazo.

Pasa el bramante/lazo sobre la tela y cierra.

Tips

Reutiliza alguna prenda que ya no utilices, en vez de comprar un retal.

Para la etiqueta, recorta en forma rectangular cualquier cartón o paquete de tus pedidos y compras.

Combina el color del lazo con los tonos de la tela.

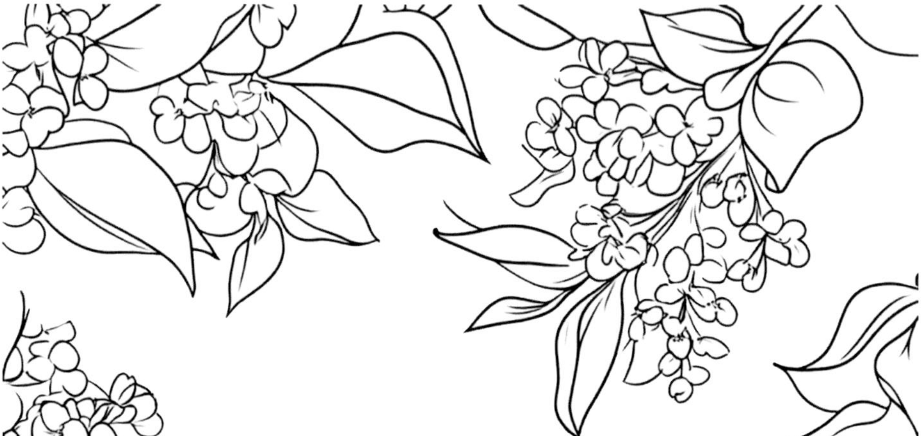

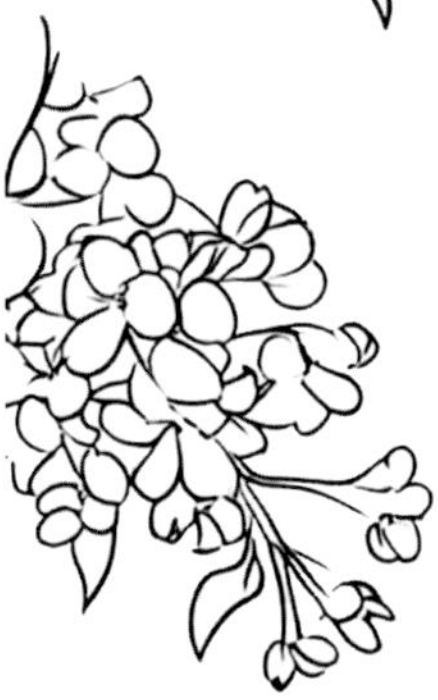

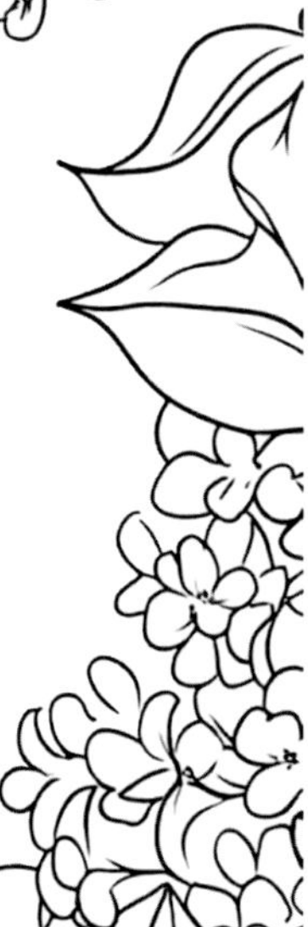

¡Cuánto había fortalecido, así su cuerpo como su espíritu, contemplar el progreso de esa estación que no puede, a pesar de sus veleidades, dejar de ser cautivadora! ¡Y observar sus crecientes encantos, desde las primeras flores en los rincones más cálidos del jardín de su tía, hasta el verdecer en los plantíos de su tío y la gloria de sus bosques!

Austen, J.
Mansfield Park

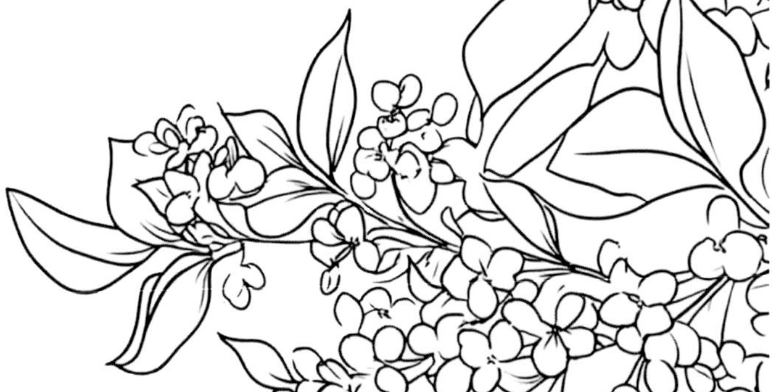

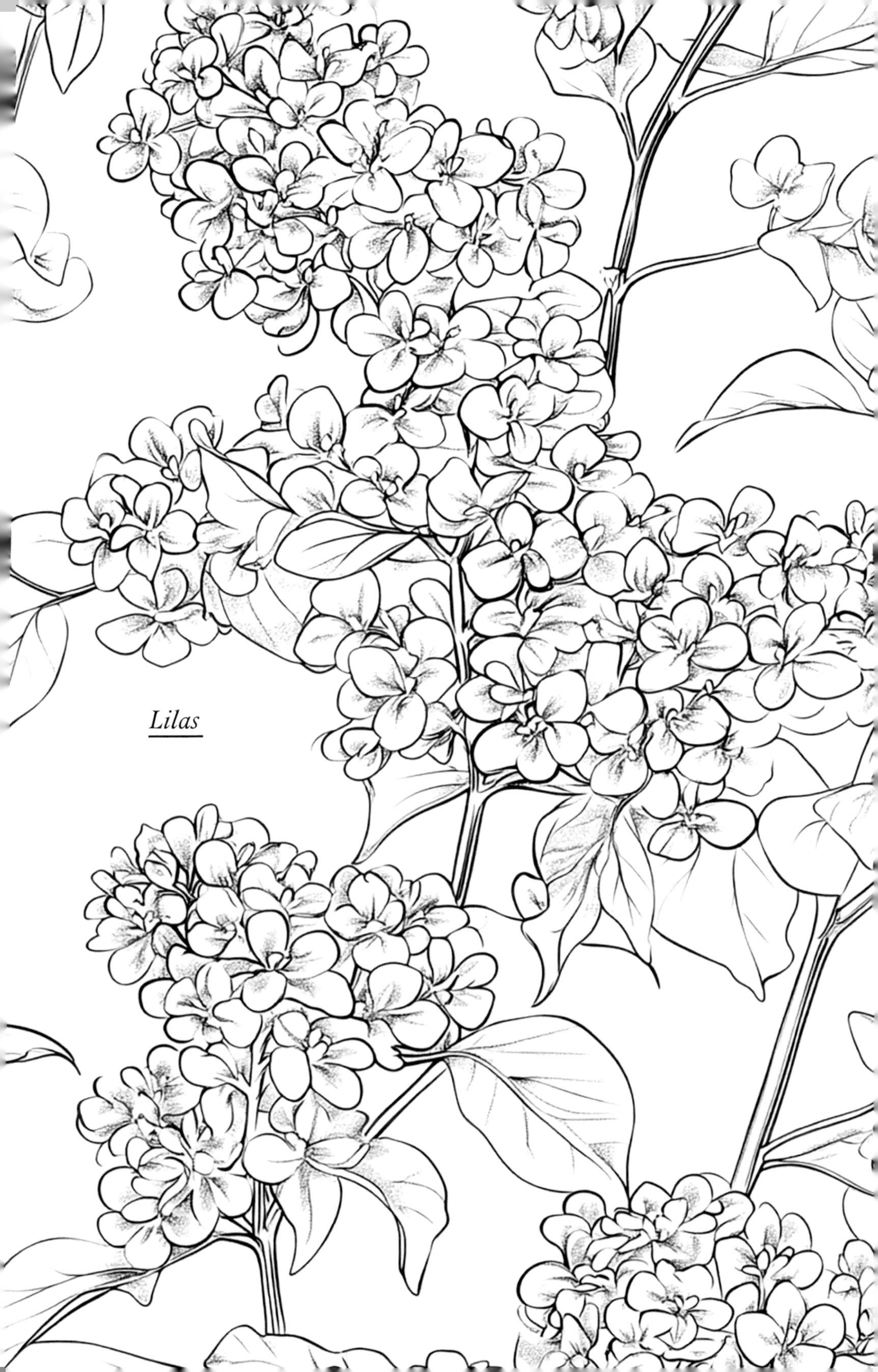
Lilas

Las lilas, *Syringa vulgaris*

Son originarias de los Balcanes, Persia y regiones montañosas de Asia Menor. En el siglo XVI viajaron desde Constantinopla a Viena y en el siglo XVII los primeros colonos se las llevaron a América del Norte.

Significado emocional y cultural

En Grecia, las lilas están asociadas con la Pascua y la renovación espiritual.

En Estados Unidos, las lilas se han convertido en un símbolo de la primavera y el renacimiento.

En el lenguaje de las flores victoriano, las lilas púrpuras simbolizaban el primer amor, las lilas blancas representan la pureza y la inocencia.

Para Jane Austen las lilas blancas son símbolo de la inocencia y la pureza. Este significado podría reflejar a personajes como Fanny Price en *Mansfield Park* o Catherine Morland en *La abadía de Northanger*, quienes, a lo largo de las novelas, mantienen un sentido de ingenuidad y pureza en sus acciones y pensamientos, a pesar de las complicaciones que enfrentan

Propiedades medicinales

Antiinflamatorias, contienen compuestos que ayudan a reducir la inflamación en el cuerpo, lo que puede ser útil para calmar malestares y aliviar dolores articulares.

Efecto calmante, su fragancia suave tiene un efecto relajante natural, Puede ayudar a disminuir el estrés y la ansiedad, ofreciendo una sensación de paz.

Propiedades febrífugas, tradicionalmente, las lilas han sido utilizadas para ayudar a bajar la fiebre.

Propiedades astringentes, ayudan a reducir el exceso de grasa y mejorar el aspecto de los poros.

Usos medicinales y cosméticos

Infusión relajante, prepara un té con flores secas de lila y disfruta de una bebida que no solo es deliciosa, sino que también te ayudará a relajarte después de un día ajetreado.

Aceite esencial, el aceite de lilas es perfecto para usar en aromaterapia. Coloca unas gotas en un difusor y llena tu hogar de una fragancia que mejorará tu estado de ánimo y te ayudará a reducir el estrés.

Tónico facial, haz una infusión fuerte de flores de lila y úsala como tónico para la piel. Aplicar este tónico natural puede ayudarte a equilibrar la grasa de tu rostro, dejándolo fresco y revitalizado.

Compresas para ojos cansados, si sientes los ojos fatigados, prueba aplicar compresas frías hechas con infusión de lilas.

VINAGRE DE LILAS

Es más que un simple condimento, es casi una pequeña obra de arte culinaria que captura la esencia misma de la primavera.
Su fino aroma unido a las propiedades probóticas del vinagre de manzana te ayudarán a tener una digestión más placentera.

¿Qué necesitas?

2 tazas de flores de lila frescas
2 tazas de vinagre de manzana orgánico sin pasteurizar
1 tarro de vidrio con tapa hermética, 500 ml

Coge las flores de lila en un día soleado, preferiblemente por la mañana, después de que se evaporado el rocío. Asegúrate de que las flores estén libres de pesticidas y otros contaminantes.
Enjuaga suavemente las flores y déjalas secar sobre una toalla limpia.
Llena el tarro de vidrio con las flores de lila, sin comprimirlas demasiado.

Vierte el vinagre sobre las flores hasta que estén completamente cubiertas.

Cierra el tarro herméticamente y etiquétalo con la fecha.
Déjalo en un lugar fresco y oscuro durante 2-4 semanas. Agita suavemente cada tres días.
Cuela el vinagre.

Embotella el vinagre en un frasco limpio y etiquétalo.

Tips

Como aderezo para ensaladas.

En marinadas para carnes o verduras.

En agua con miel como bebida refrescante.

Aporta un delicado aroma floral a las recetas.

"Sus orillas no eran regulares ni estaban falsamente adornadas con obras de jardinería. Elizabeth se quedó maravillada. Jamás había visto un lugar más favorecido por la naturaleza o donde la belleza natural estuviese menos deteriorada por el mal gusto. Todos estaban llenos de admiración."

Austen, J.

Orgullo y prejuicio

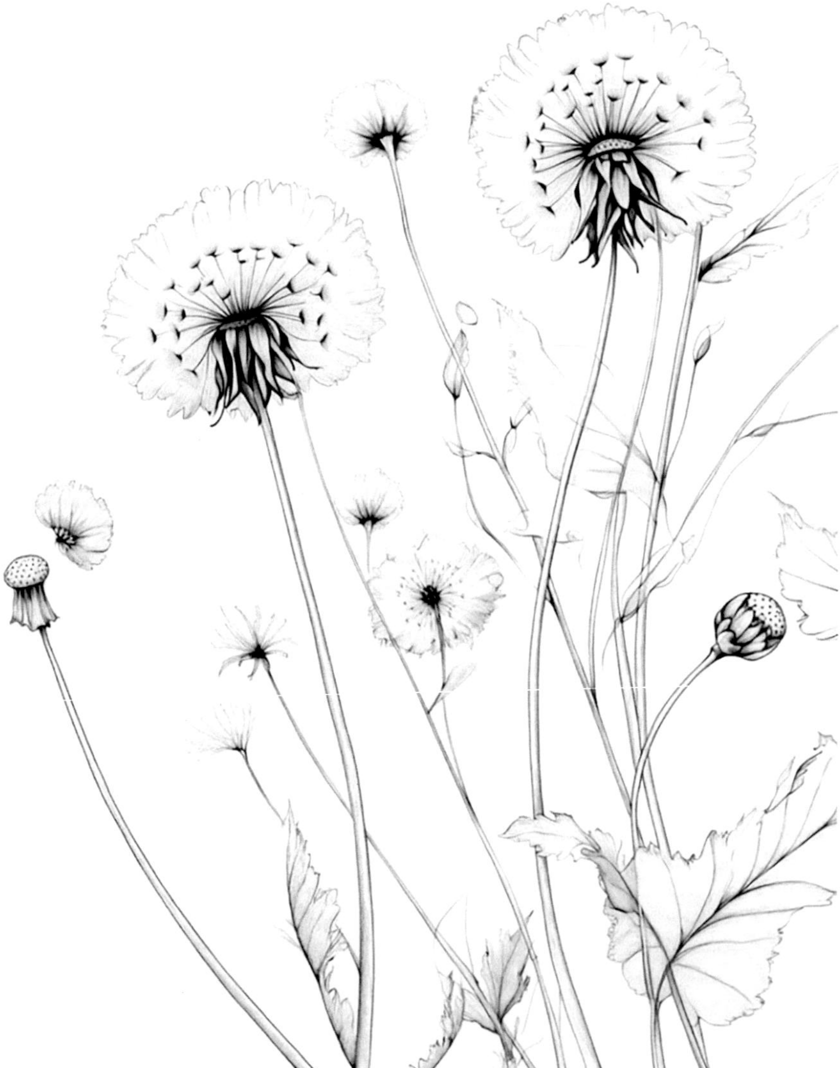

Diente de león

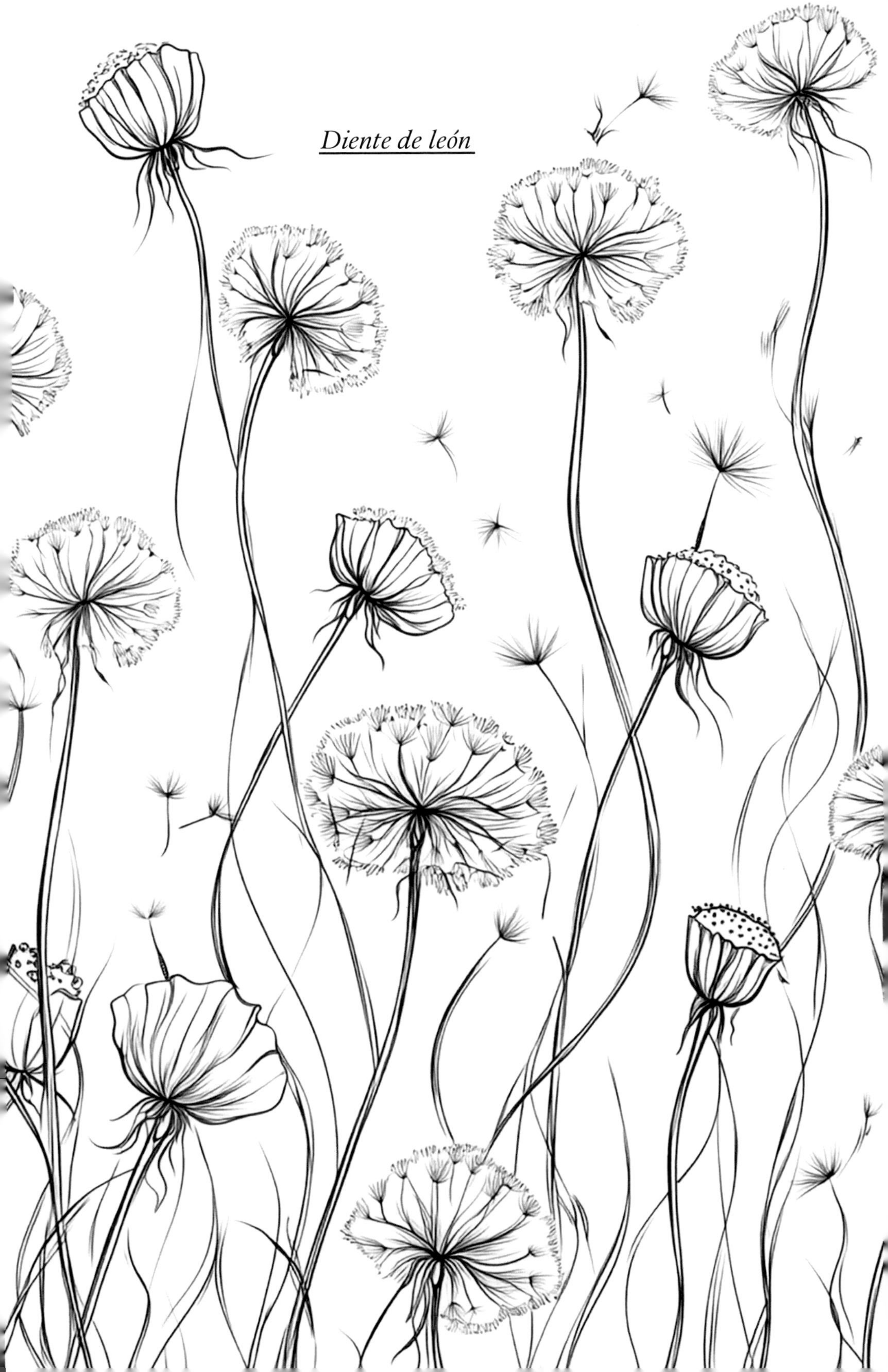

El diente de león, *Taraxacum officinale*

Conocido comúnmente como *achicoria amarga* o *amor de hombre*, es originario de Europa y Asia, aunque hoy en día crece en prácticamente todo el mundo debido a su capacidad de adaptarse a diversos climas y condiciones de suelo. Se cree que las primeras referencias escritas sobre esta planta datan de la antigua Grecia y Roma, donde ya se mencionaba en textos médicos por sus propiedades curativas. En la Edad Media, fue ampliamente usado por los herbolarios europeos.

Significado emocional

En la tradición occidental, las semillas del diente de león, que son dispersadas por el viento, simbolizan el deseo, la esperanza y los sueños. Soplar un diente de león mientras se pide un deseo es una preciosa creencia popular.

En el lenguaje victoriano de las flores, el diente de león representaba la perseverancia y la fuerza, debido a su habilidad para crecer incluso en suelos pobres y en condiciones difíciles. Está estrechamente ligado a la resiliencia y al ciclo de la vida, ya que pasa de ser una flor amarilla vibrante a una esfera etérea de semillas.

El diente de león es fuente de inspiración y fantasía al mutar de un aspecto amarillo a una esfera llena de *paracaídas* blancos que vuelan con el viento,

Usos y propiedades

Es un excelente digestivo que ayuda a mejorar la digestión y aliviar problemas gastrointestinales como la hinchazón o el estreñimiento.

También tiene propiedades diuréticas que favorecen la eliminación de toxinas y líquidos a través de una mayor producción de orina, lo que ayuda a desintoxicar el organismo.

Además, el diente de león tiene propiedades hepatoprotectoras y estimula la producción de bilis, lo que mejora la salud del hígado y la vesícula biliar. Algunos estudios incluso sugieren que puede ayudar a regular los niveles de azúcar en sangre y reducir los síntomas de la diabetes.

La raíz se puede utilizar para elaborar un sustituto del café, con su efecto vigorizante pero sin cafeína. Las raíces se recolectan principalmente en otoño, se lavan, se cortan en rodajas de aproximadamente 0,5 cm de espesor y se secan. Una vez secas se doran en el horno a una temperatura de 180-200ºC durante unos 20 minutos. Por último, se muelen para obtener un polvo que se puede preparar como el café tradicional.

Los capullos aún cerrados se pueden sumergir en vinagre de estragón y utilizarse como alcaparras.

En Francia se cultiva para vender las hojas blanqueadas para ensaladas, consiguiendo un sabor suave que se digiere muy bien.

ENSALADA FRANCESA

¿Qué te parece salir a dar un paseo al campo en primavera y coger diente de león para hacer una ensalada difierente?. Marzo, abril y mayo, son los meses ideales para preparar esta ensalada con un doble beneficio, la primavera en tu piel y el diente de león en tu estómago.

¿Qué necesitas?

4 tazas de hojas de diente de león, lavadas y cortadas en trozos
4 dientes de ajo, finamente picados y tostados
4 huevos duros, picados
4 lonchas de beicon, cortadas en dados
1/2 taza de nueces picadas
Aceite de oliva virgen, vinagre de manzana, sal y pimienta.

Dora los dientes de ajo.

Corta el beicon en dados.

Fríe el beicon en el mismo sartén y aceite de los ajos.

Deshoja los dientes de león, resulta sumamente relajante y placentero.

Cuece los huevos y córtalos en cuatro partes.

En un bol combina ajos, beicon, huevos y los pétalos de diente de león y las nueces.

Prepara el aderezo, mezcla aceite de oliva virgen y buen vinagre de manzana.

Salpimienta al gusto, y vierte el aderezo sobre la ensalada.

Deja reposar para que los sabores se integren.

Tips

Puedes añadir otros frutos secos.

Añade los capullos del diente de león convertidos en alcaparras.

Si los pétalos te resultan un poco amargos, sumérgelos un ratito en agua caliente o dejalas reposar previamente en agua fría durante una hora.

"Sus propios pensamientos y reflexiones solían ser sus mejores compañeros…observando el aspecto de la campiña, la orientación de los caminos, las variaciones del terreno, elestado de las cosechas, las cabañas, los rebaños, los chiquillos…

Austen, J.

Masfield Park

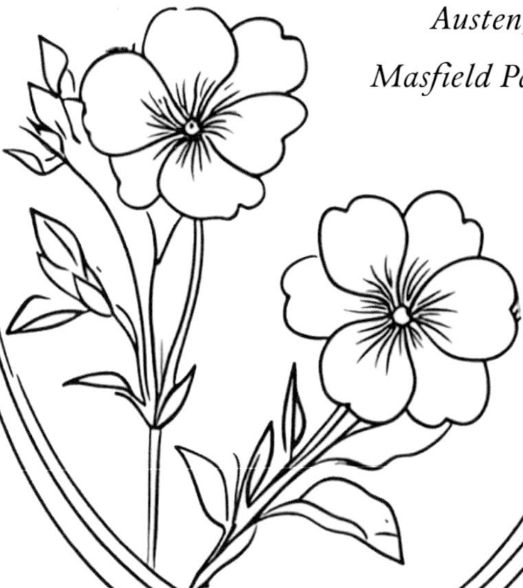

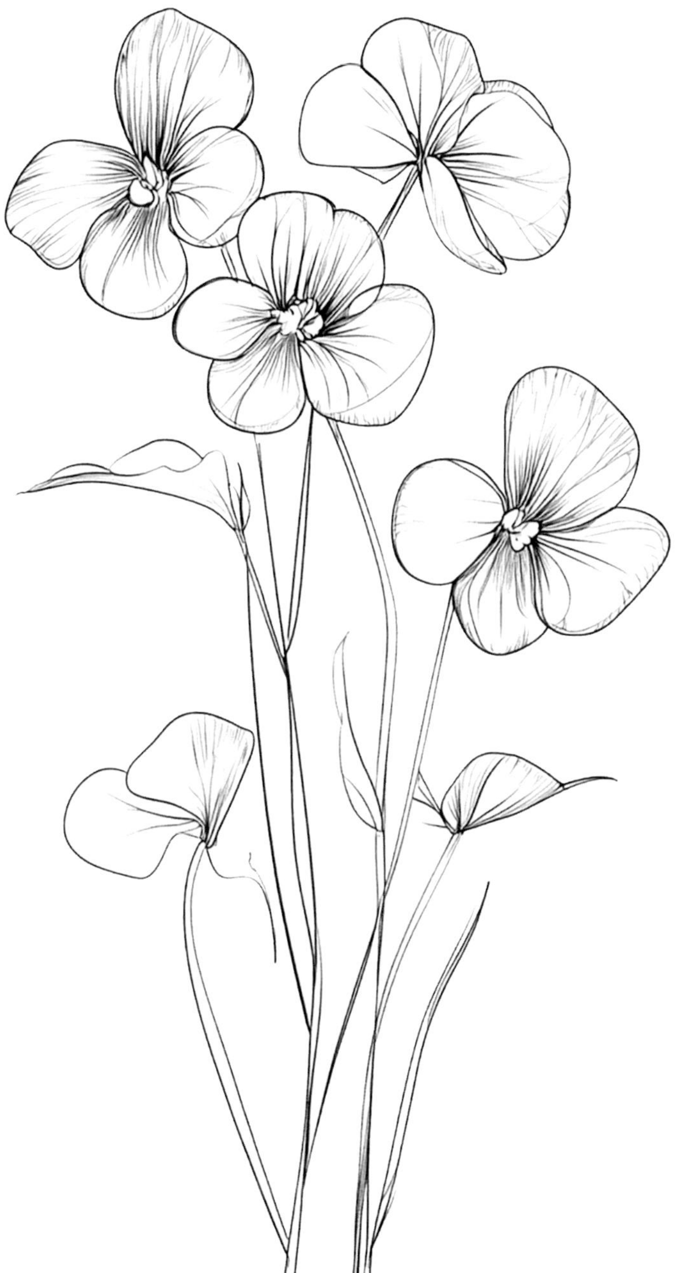

Violeta

Las violetas, *viola odorata*

Son pequeñas y fragantes flores que tienen su origen en las regiones mediterráneas de Europa, África del Norte y Asia. Los griegos las domesticaron y tanto ellos como los romanos las utilizaban en perfumes, medicina y decoración. En la Edad Media se cultivaba en los monasterios por sus propiedades medicinales. En la época victoriana alcanzaron gran popularidad y Napoleón Bonaparte la adoptó como su flor emblemática.

Hoy en día, existen alrededor de 500-600 especies de violetas en todo el mundo. Una de las más especiales es la violeta de Parma, símbolo de la misma ciudad, por influencia de María Luisa de Austria,segunda esposa de Napoleón,que llegó a ser Duquesa de Parma en 1816. Los monjes franciscanos producían en exclusiva perfume de violetas para la Duquesa, sin embargo en 1870 el perfume fue patentado y ahora todas las personas podemos disfrutarlo.

Significado emocional y cultural

La violeta por su pequeño tamaño pero gran belleza representa la modestia y humildad, amor fiel, inocencia y pureza, delicadeza y fragilidad.

Las violetas en la literatura han formado parte de las poesías románticas de William Wordsworth y John Keats. Aparece en "Hamlet" y "Un Sueño de una Noche de Verano", de William Shakespeare. Y en una "Una habitación con vistas", George besa apasionadamente a Lucy en medio de un campo de violetas, desafiando los convencionalismos propios de la época. (si no has leído la novela, te la recomiendo, George Foster, 1908).

Jane Austen, no las menciona expresamente, pero podemos imaginarlas en el contexto de la modestia y la belleza natural, dándoles valor frente a flores más vistosas. Con ellas , Jane, podría reflejar su preferencia por la virtud discreta sobre la ostentación.

En el lenguaje de las flores la violeta azul representa la fidelidad en el amor, la ,blanca, inocencia, pureza, la púrpura, pensamientos ocupados por el amor y un ramo de violetas, modestia y amor oculto

Ûsos y propiedades

Las violetas contienen salicilatos (similares a la aspirina), flavonoides mucílagos, alcaloides, saponinas, vitamina C.

Tradicionalmente se ha utilizado para mitigar afecciones respiratorias, bronquitis, tos, resfriados, asma; problemas digestivos, estreñimiento leve, acidez estomacal; problemas de la piel, eczemas, psoriasis, acné; dolores de cabeza, especialmente las migrañas e insomnio, como sedante suave.

También se han usado en infusión, jarabe, ungüentos o cremas (uso tópico) y tinturas.

GALLETAS DE VIOLETA

¿Hacemos galletas de violeta para "un té a las 5", un brunch a mitad de mañana o un picoteo no culpable en cualquier momento del día?. Te aseguro que el aroma de la mantequilla y la vainilla mezclándose con las violetas frescas llenará tu cocina de una deliciosa fragancia que te calmará y te hará desconectar de todo y de todos.

¿Qué necesitas?

280 g de harina
230 g de mantequilla suave
150 g de azúcar y un puñadito de sal
1 huevo
1 cucharadita de extracto de vainilla
15 g de flores de violeta picadas

Pica las flores de violeta.

Mezcla los ingredientes secos.

Bate la mantequilla y el azúcar.

Añade el huevo y la vainilla y continúa batiendo.

Añade los ingredientes secos y las flores de violeta.

Amasa hasta obtener una masa compacta

Forma las galletas.

Hornea a 180ºC durante10-12 minutos.

Tips

Para un sabor más intenso, infusiona la mantequilla con violetas la noche anterior. Calienta la mantequilla, agrega violetas y deja reposar toda la noche. La mantequilla ya integra las flores así que no tienes que añadirlas posteriormente.

Puedes decorarlas con un glaseado ligero con azúcar en polvo y terminar con una flor sobre el glaseado.

Regala una caja de galletas de violeta a esa persona especial y le harás muy feliz.

"Una mujer joven, bonita, brillante, junto a un arpa tan elegante como ella misma, recortándose ambas en el marco de un balcón abierto a la perspectiva de un césped rodeado de arbustos con su rico follaje estival,era suficiente para cautivar el corazón de cualquier hombre."

Austen, J.
Mansfield Park

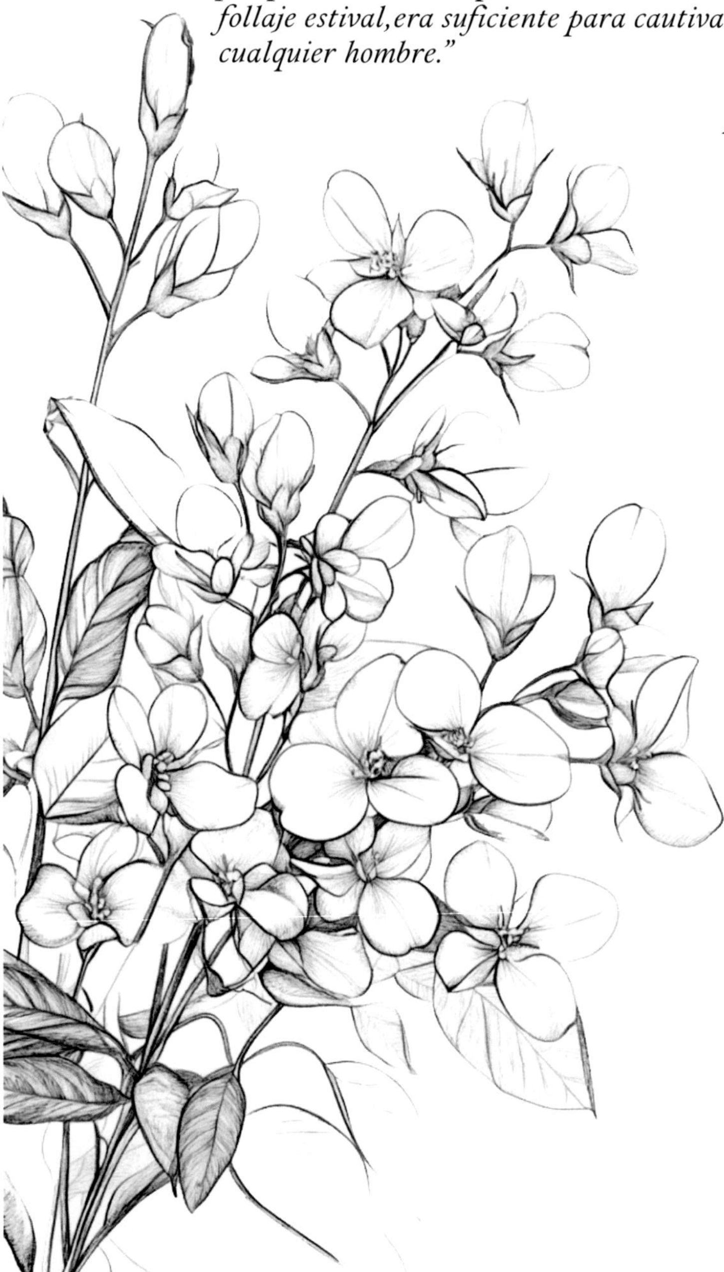

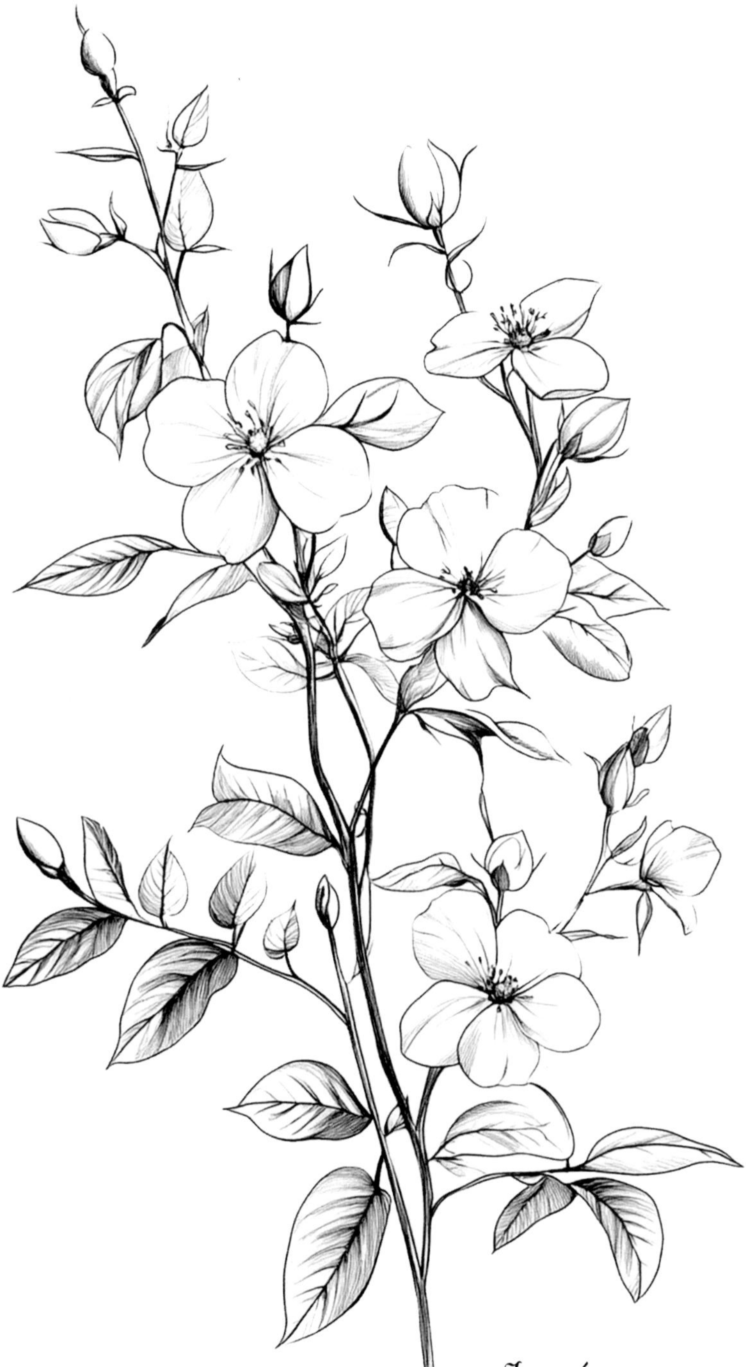

Jazmín

Jazmín, *Jasminum*

Nativo de regiones tropicales y subtropicales de Asia, especialmente del subcontinente indio y partes de China. Se cree que el cultivo del jazmín comenzó hace más de 5000 años en la antigua Persia, y desde hace 3000 años se cultiva en China para té y perfume.
Los comerciantes árabes introdujeron el jazmín en el Mediterráneo alrededor del siglo VII. llegando un sigo después a España con la conquista musulmana. Se expandió por Europa durante el Renacimiento. Los españoles y portugueses lo llevaron a América en el siglo XVI.

Significado emocional y cultural

En la India se le considera una flor sagrada, es símbolo de amor divino, y por eso se utiliza en ceremonias religiosas y bodas. En China, representa la dulzura femenina y se ha utilizado desde la antigüedad en la medicina tradicional. En Oriente Medio es símbolo de esperanza y felicidad, siendo muy apreciado en la elaboración de perfume.

El jazmín ha inspirado a poetas y artistas a través de los siglos, como por ejemplo *Oda al jasmín* en *Odas elementales*, Pablo Neruda, 1954. En pintura, Claude Monet, retrató jazmines en su famoso jardín en Giverny. Y quién sabe si los jazmines inspiraron a Chopin, *Nocturno en do sostenido menor, op. Posth* durante su estancia en Mallorca junto a George Sand. Te recomiendo que lo escuches mientras coloreas las láminas del jazmín.

El jazmín representa la sensualidad, la gracia y la amabilidad. Tal vez el balcón de Fanny Pride estuviera teñido de jazmín, añadiendo un toque aromático y una atmósfera seductora a toda la escena. La suave fragancia del jazmín, que se intensifica al anochecer, sería un símbolo perfecto para la sensualidad discreta con la que Jane impregna a sus protagonistas.

Usos y propiedades

El jazmín tiene maravillosas propiedades sedantes y relajantes, también digestivas e incluso afrodisiacas a través de masajes con aceite esencial.

El aroma del jazmín tiene un efecto calmante sobre el sistema nervioso, lo que ayuda a reducir la tensión y el nerviosismo.
El té de jazmín se utiliza tradicionalmente para aliviar el estrés, la ansiedad y mejorar el estado de ánimo. Incluso se puede tomar una tacita para hacer mejor la digestión.

El aceite esencial está muy valorado en aromaterapia y masajes.
Los baños de agua caliente con aroma de jazmín pueden ser una experiencia muy bonita, tanto para el cuidado de la piel como de la mente. más aún, después de un día cargado de trabajo y preocupaciones.

HELADO DE JAZMÍN

Una opción fresca y diferente para disfrutar de los sabores florales del jazmín en un postre que a la vez será digestivo. Me resulta perfecto para tomar al atardecer de un caluroso día de verano cuando intensifica su aroma, así te transportarás a ese imaginado jardín lleno de jazmines.

¿Qué necesitas?

500 ml de leche entera
250 ml de nata o leche evaporada
1 taza de flores de jazmín secas
150 g de azúcar
4 yemas de huevo
1 cucharadita de extracto de vainilla

Calienta la leche a fuego medio sin que llegue a hervir y añade las flores.

Retira del fuego, cubre la cacerola y deja reposar 20 mts. Cuela y reserva.

Bate las yemas de huevo junto con el azúcar y vierte poco a poco la leche batiendo constantemente para que no se formen grumos.

Calienta a fuego bajo removiendo hasta espese pero sin llegar a hervir.

Retira del fuego y añade la vainilla y la nata.

Deja que la mezcla se enfríe a temperatura ambiente y al congelador durante 2 horas.

Remueve cada 30 mts las dos primeras horas.

Tips

Para conseguir un helado más ligero y digetivo, utiliza leche evaporada, es el sustituto saludable de la nata.

Si tienes máquina para hacer helados, utiízala después de las dos primeras horas de congelación.

Acompaña el helado de frutos rojos, maridaje perfecto.

Decora con algún pétalo de jazmin fresco.

"Inmediatamente Emma desvió la mirada. Y durante unos minutos permaneció en silencio, meditando, con los ojos fijos. Unos pocos minutos bastaron para revelarle lo que había en su propio corazón. [...] Emma suponía... admitía... reconocía toda la verdad. [...] ¡el señor Knightley sólo podía casarse con ella!".

Austen, J.
Emma

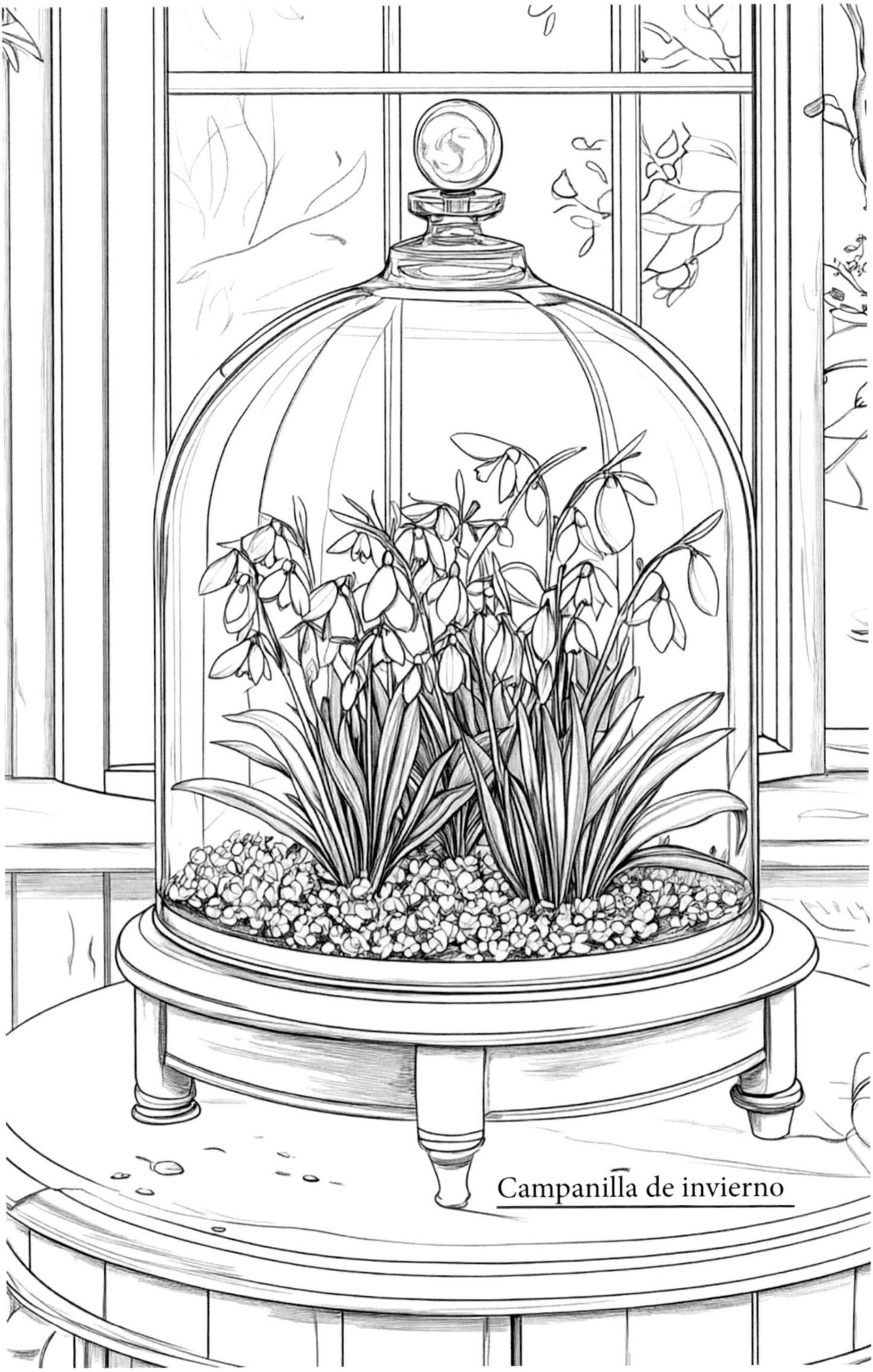
Campanilla de invierno

Campanillas de invierno, *Galanthus nivalis L.*

Tradicionalmente se cree que son originarias Gran Bretaña pero realmente proceden de Europa de Sur y Asia Menor. Fueron introducidas en el norte en la Edad Media, posiblemente por monjes. Se plantaban en jardines de monasterios, no solo por su belleza, sino también por su asociación con la pureza y el renacimiento.

Significado emocional y cultural

A lo largo de los siglos, las campanillas de invierno han tenido un fuerte simbolismo espiritual. En la tradición cristiana, se asociaron con la Virgen María debido a su color blanco y a su capacidad de florecer en invierno. También se decía que aparecían espontáneamente en el suelo cerca de iglesias y cementerios, lo que les otorgó una connotación de consuelo en tiempos de dolor, pero también de muerte y mala suerte en la época victoriana.

Sin embargo, en toda Europa se las asocia a la victoria de la primavera sobre el invierno. Cuenta una antigua leyenda moldava que la dama primavera y la bruja del invierno tuvieron una gran batalla. En medio de la lucha, la dama primavera se cortó un dedo, y una gota de su sangre cayó sobre la nieve. Esa pequeña gota derritió el hielo y, de allí, nació una delicada campanilla de invierno.

En este precioso y sencillo cuento alemán, la nieve buscaba un color propio, pidió prestado uno a las flores, pero todas se negaron, considerándola fría y desagradable. Solo la campanilla de invierno se apiadó y le ofreció su color blanco. Nieve aceptó el regalo y se volvió blanca Para mostrar su gratitud, la nieve permitió que las campanillas de invierno florecieran al final del invierno, aunque aún ella esté presente.

En el lenguaje victoriano de las flores, las campanillas de invierno simbolizan la esperanza y la pureza. Con ellas se hacían arreglos florales para transmitir la idea de un nuevo comienzo o la llegada de tiempos mejores. Su naturaleza delicada y su florecimiento temprano después del invierno las convirtió un símbolo de resislencia y optimismo frente a la adversidad.

Para Austen, el ciclo de las estaciones, y las flores asociadas a ellas, reflejan la evolución de los sentimientos y las relaciones. Las campanillas de invierno florecen en un momento de quietud y renovación, como un símbolo de nuevos comienzos o esperanza después de un periodo difícil. En *Emma*, podrían aparecer justamente cuando ella está en una fase de autorreflexión y crecimiento personal y descubre que está perdidamente enamorada del Sr. Knightley.

Usos y propiedades

Contienen un alcaloide llamado galantamina, que en la actualidad se utiliza en el tratamiento del Alzheimer y otros trastornos neurológicos. En la antigüedad se usaban para limpiar el estómago, ya que provocan la emesis, [vómito], debido al alcaloide licorina, que es tóxico. Por tanto no las utilicéis de forma oral, solamente disfrutad de su belleza y simbolismo.

TERRARIUM

¿Te apetece tener tu propio jardín en miniatura?. Te cuento cómo hacer un terrarium con campanillas de invierno, es una actividad tan relajante como colorear las láminas de este libro y al final, tendrás un pedacito del invierno tardío en tu casa. Una vez hecho, solo tienes que disfrutarlo porque el cuidado que requiere es mínimo ya que las campanillas, a pesar de su delicadeza y pequeño tamaño, son muy resistentes.

¿Qué necesitas?

Recipiente de vidrio transparente (puede ser un frasco grande, una pecera pequeña o un terrario)
Grava o piedras pequeñas, ramitas y piedras decorativas
Carbón activado
Tierra para macetas
Plantas de campanillas de invierno en maceta
Musgo

En el recipiente de vidrio vete añadiendo por capas: grava o piedras pequeñas en el fondo (2-3 cm), un capa fina de carbón activado, (ayuda con el drenaje y previene el crecimiento de moho),tierra para macetas (5-7 cm).

Trasplanta las campanillas de invierno al terrario. deja suficiente espacio entre las ellas.

Añade musgo alrededor de las campanillas para crear un efecto de bosque invernal.

Riega ligeramente y coloca el terrario en un lugar fresco y con luz indirecta. La tierra debe estar ligeramente húmeda pero no empapada

Ventila el terrario de vez en cuando para prevenir el exceso de humedad.

Tips

Puedes decorar el terrarium con ramitas, piedras y figuritas en miniatura para recrear un mini bosque.

Elige un buen sustrato como tierra base.

Coloca el terrarium en un espacio en el que reciba luz natural y el aire exterior, las plantas, al igual que nosotros, neceitan respirar aire fresco y renovado.

Aléjalo de la calefacción.

"Un espíritu sumiso puede ser paciente; un fuerte entendimiento puede dar resolución, pero aquí había algo más; aquí había ligereza de pensamiento, disposición para consolarse; poder de transformar rápidamente lo malo en bueno… un don de la naturaleza… Era éste el don más escogido del cielo, y Ana vio en su amiga uno de esos maravillosos ejemplos que parecen servir para mitigar cualquier frustración".

Austen, J.
Persuasión

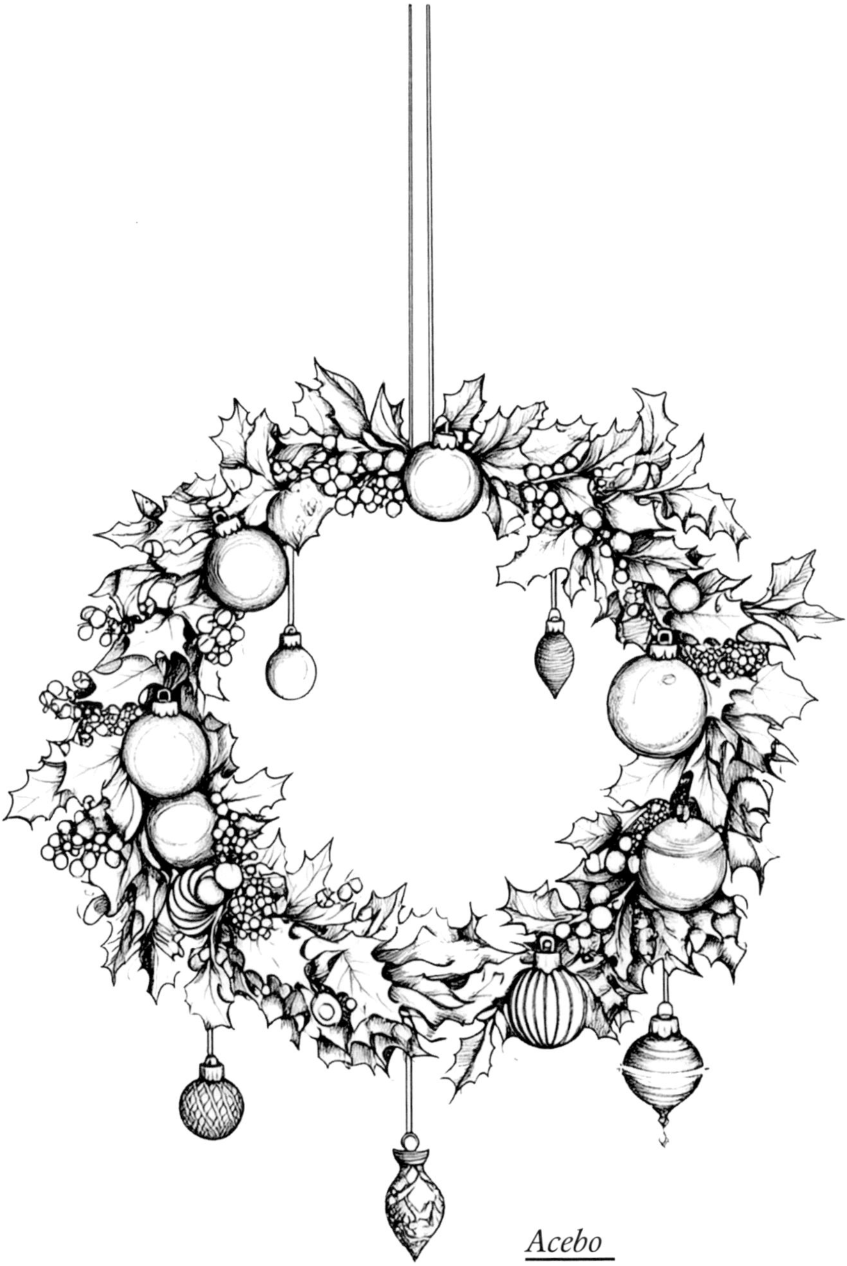

Acebo

El acebo, *Ilex aquifolium*

Originario de Europa, el noroeste de África y el suroeste de Asia. Es conocido por sus hojas verdes y brillantes con bordes espinosos, y por sus característicos frutos rojos, que han jugado un papel importante en su simbolismo a lo largo de los siglos. Se trata una planta con una rica historia espiritual y cultural, especialmente en Europa, donde ha estado presente desde tiempos antiguos.

Significado emocional y cultural

En la antigua Roma, el acebo se utilizaba como decoración floral en las casas durante las *Saturnales*, el festival de invierno que más tarde influyó en las celebraciones navideñas del cristianismo, ya que era un tiempo de alegría, reuniones e intercambio de regalos.

En la mitología celta, el acebo era una planta sagrada asociada con la protección y la fertilidad. Los druidas creían que los acebos alejaban los espíritus malignos y que la planta tenía poderes mágicos. Se colgaban ramas de acebo en las puertas durante el solsticio de invierno para proteger los hogares de los malos espíritus.

Durante la Edad Media, el acebo fue vinculado con la Navidad, simbolizando la corona de espinas que Jesús llevó en su crucifixión. Las hojas espinosas representan las espinas, y los frutos rojos simbolizan la sangre de Cristo. Esta relación lo convirtió en una planta común en las decoraciones navideñas, especialmente en Europa. De esta forma se intentó desplazar a su homólogo pagano, el muérdago, que también era utilizado por los druidas en las festividades del solsticio de invierno.

En el lenguaje victoriano de las flores, simbolizaba previsión, protección y defensa. Sus hojas espinosas y su resistencia durante el invierno, representaban la capacidad de resistir y mantenerse firme ante las dificultades.

En la obra de Jane, el acebo podría interpretarse como un símbolo de firmeza y resiliencia, cualidades que también se ven en algunos de sus personajes femeninos, que enfrentan adversidades pero se mantienen firmes en sus principios.

Por otra parte podría ilustrar la vida cotidiana y la importancia de los pequeños placeres domésticos.

Usos y propiedades

Desde tiempos antiguos, ha sido valorado como recurso natural, especialmente en ebanistería y marquetería, ya que su madera es dura, compacta y resistente a la descomposición.

Además, en la medicina tradicional, se ha utilizado por sus propiedades diuréticas y laxantes. Sin embargo, los frutos del acebo tienen un efecto purgante y, al ser consumidos, pueden provocar vómitos e intoxicaciones. Por tanto no lo utilicéis de forma oral, solamente disfrutad de su belleza y simbolismo.

Hoy en día está dentro del catálogo de plantas protegidas, está prohibido la recogida silvestre, debes comprarlo en viveros y floristerías.

CORONA DE NAVIDAD

Entrelazar ramas de acebo salpicadas de bayas rojas que parecen diminutos adornos naturales, tejiendo en cada vuelta de alambre un círculo perfecto de desconexión y placer en los días previos a la Navidad. Así de bonito puede resultar crear tu propia corona de navidad hecha con tus manos y tu atención.

¿Qué necesitas?

Base de corona de alambre o mimbre, 20-30 cm de diámetro.
Ramas de acebo con hojas y bayas
Alambre fino verde
Tijeras de podar
Guantes de jardinería (las hojas de acebo son punzantes)
Cinta decorativa
Adornos adicionales como piñas o campanitas

Corta las ramas de acebo en trozos de unos 15-20 cm.

Agrupa 3-4 ramitas en pequeños manojos.

Comienza en cualquier punto de la base de la corona.

Con el alambre ata firmemente el primer manojo a la base.

Asegúrate de que las hojas cubran el alambre.

Coloca el siguiente manojo superponiéndolo ligeramente sobre el anterior.

Fíjalo con alambre como hiciste con el primero.

Continúa este proceso alrededor de toda la corona.

Tips

Revisa si hay espacios vacíos y si los hay, rellenalos con ramitas o manojos más pequeños.

Añade una cinta decorativa haciendo un lazo en la parte superior o inferior de la corona.

Incorpora otros elementos como piñas pequeñas, campanitas, bolas de navidad, y fíjalos con alambre.

Haz un lazo con alambre en la parte trasera de la corona y así podrás colgarla con más facilidad

"Pero creí que incluso le haría bien después de haber estado tanto rato con la cabeza inclinada sobre las rosas, tomando el sol; pues nada hay tan refrescante como un paseo después de una fatiga de esta clase..."

Austen, J.
Masfield Park

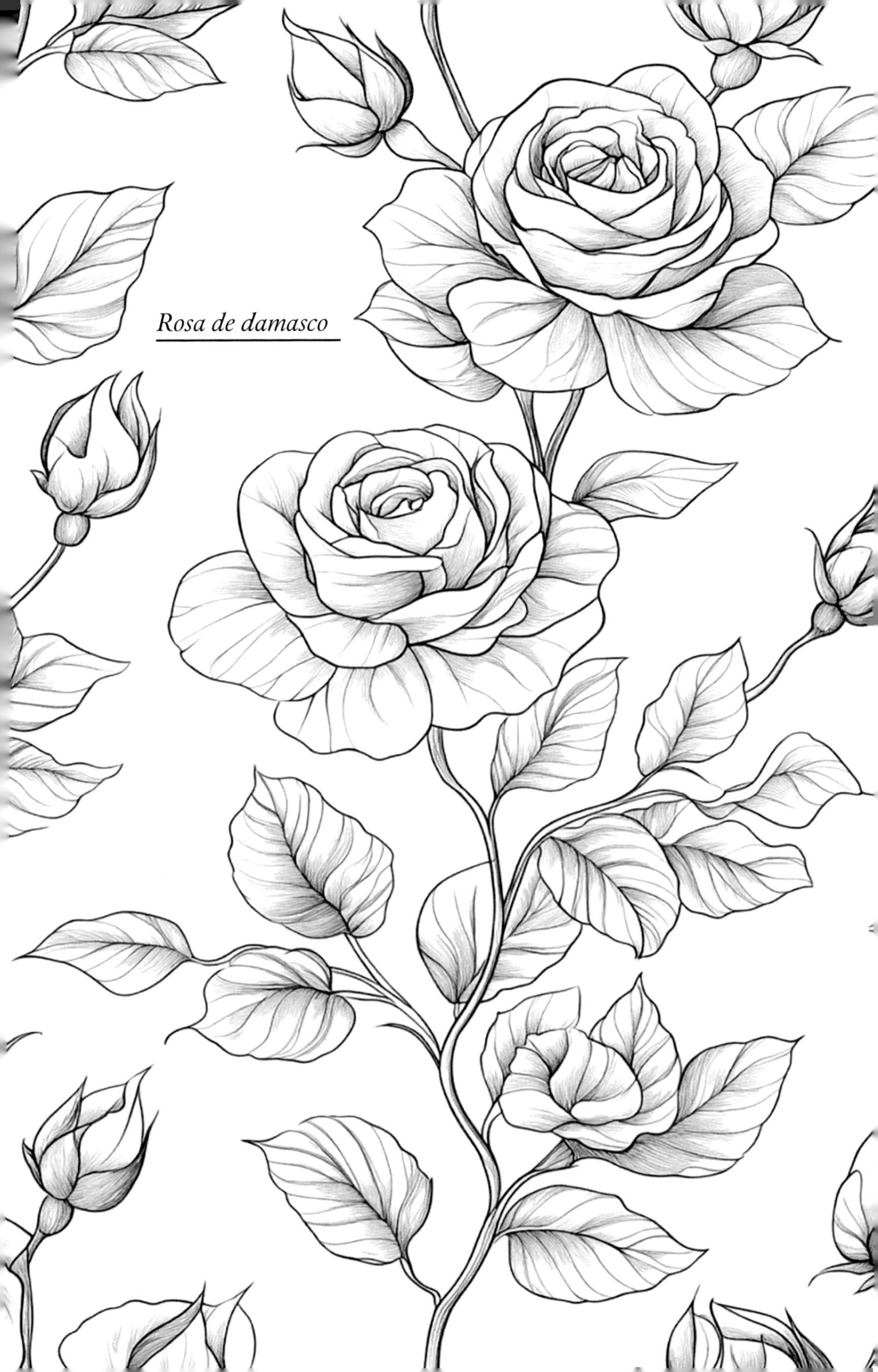

Rosa de damasco

Rosa de damasco, *Rosa damascena*

Nace en Siria, en la región de Damasco, en la Edad Media. Durante siglos se cultivó extensivamente para obtener perfume y recetas medicinales.

Los cruzados la introducen en Europa, que cae fascinada ante sus encantos, cultivándose en los jardines aristocráticos y monasterios.

Significado emocional

A lo largo de los siglos ha representado el amor y la pasión, pero también la elegancia y el refinamiento, su aroma se asociaba con la sofisticación y el lujo.

Para Jane, las rosas de damasco en Mansfield Park, podrían representan la belleza y la fragilidad de Fanny. Y por otra parte, la Rosa de Damasco en los parterres de la familia Bertram refleja la opulencia y el refinamiento de la propiedad, así como una sutil crítica al contraste entre la apariencia y la moralidad de sus dueños.

Usos y propiedades

Los efectos sedantes y relajantes de las rosas vienen de compuestos como el geraniol y el citronelol, que ayudan a reducir el estrés y la ansiedad.

Tomar una infusión de rosas es una forma agradable de calmar el sistema nervioso y relajarse.

La infusión también tiene propiedades antiinflamatorias y analgésicas gracias a los taninos y flavonoides, lo que puede aliviar la tensión muscular y el dolor de cabeza.

Si la tomas antes de dormir, puede mejorar la calidad del sueño, debido a que sus compuestos aromáticos tienen efectos relajantes.

A nivel emocional, el aroma de la rosa se asocia con paz y bienestar, por lo que beber la infusión puede calmarte y mejorar tu estado de ánimo.

Además, tiene propiedades astringentes, antisépticas y calmantes, por lo que ha sido usada para tratar problemas de la piel, irritaciones oculares y trastornos digestivos. Los pétalos de rosa contienen antioxidantes con efectos antiinflamatorios.

El agua de rosas, obtenida al destilar los pétalos, se usa como loción facial, tónico y colirio para calmar e hidratar la piel.

El aceite esencial de rosa, también destilado de los pétalos, tiene propiedades antisépticas, antidepresivas y afrodisíacas, y es muy usado en aromaterapia y perfumes.

Por último, los tallos y hojas de la rosa, ricos en taninos, han sido utilizados tradicionalmente para tratar diarrea, úlceras y hemorragias.

MERMELADA DE ROSAS

¿Te imaginas una merienda en Barton Cottage compartiendo mesa con Elinor y Marianne Dashwood?. Probablemente fuera así, una preciosa mesa con un mantel de lino blanco, una mantequillera de Limoges, scones, tacitas de porcelana decoradas con flores y mermelada de rosas preparada por Elinor con los pétalos más frescos del jardín. Encantador, ¿verdad?.

¿Qué necesitas?

2 tazas de pétalos de rosa (sin pesticidas)
400 gr de azúcar
240 gr de agua
1 limón (jugo)

Lava bien los pétalos de rosa y retira la base blanca, que puede ser amarga.

Hierve el agua y añade los pétalos de rosa. Cocina a fuego bajo durante 10 minutos.

Agrega el azúcar y el jugo de limón, y remueve hasta que el azúcar se disuelva por completo.

Deja cocinar la mezcla a fuego lento durante unos 20-30 minutos, hasta que la mezcla espese.

Rellena los tarros con la mermelada recién sacada de la olla, ciérralos bien y dales la vuelta y tápalos con un trapo para conseguir el vacío y una perfecta conservación.

Tips

Para que los pétalos queden bien limpios y sea más fácil su limpieza puedes utilizar la centrifugadora de ensaladas y después colocarlos en un paño seco para eliminar todo el exceso de agua.

Para conservar la mermelada deberás utlizar tarritos esterilizados previamente en agua hirviendo durante unos 10 mts.

La mermelada estará deliciosa sobre tostadas de pan artesano untadas con mantequilla casera o para una versión más british, hazte unos *scones*.

"Marianne, con el rostro terriblemente pálido e incapaz de mantenerse en pie, se hundió en su silla, y Elinor, temiendo verla desmayarse en cualquier momento, intentó protegerla de las miradas de los demás mientras la reanimaba con agua de lavanda."

Austen, J.
Sentido y sensibilidad

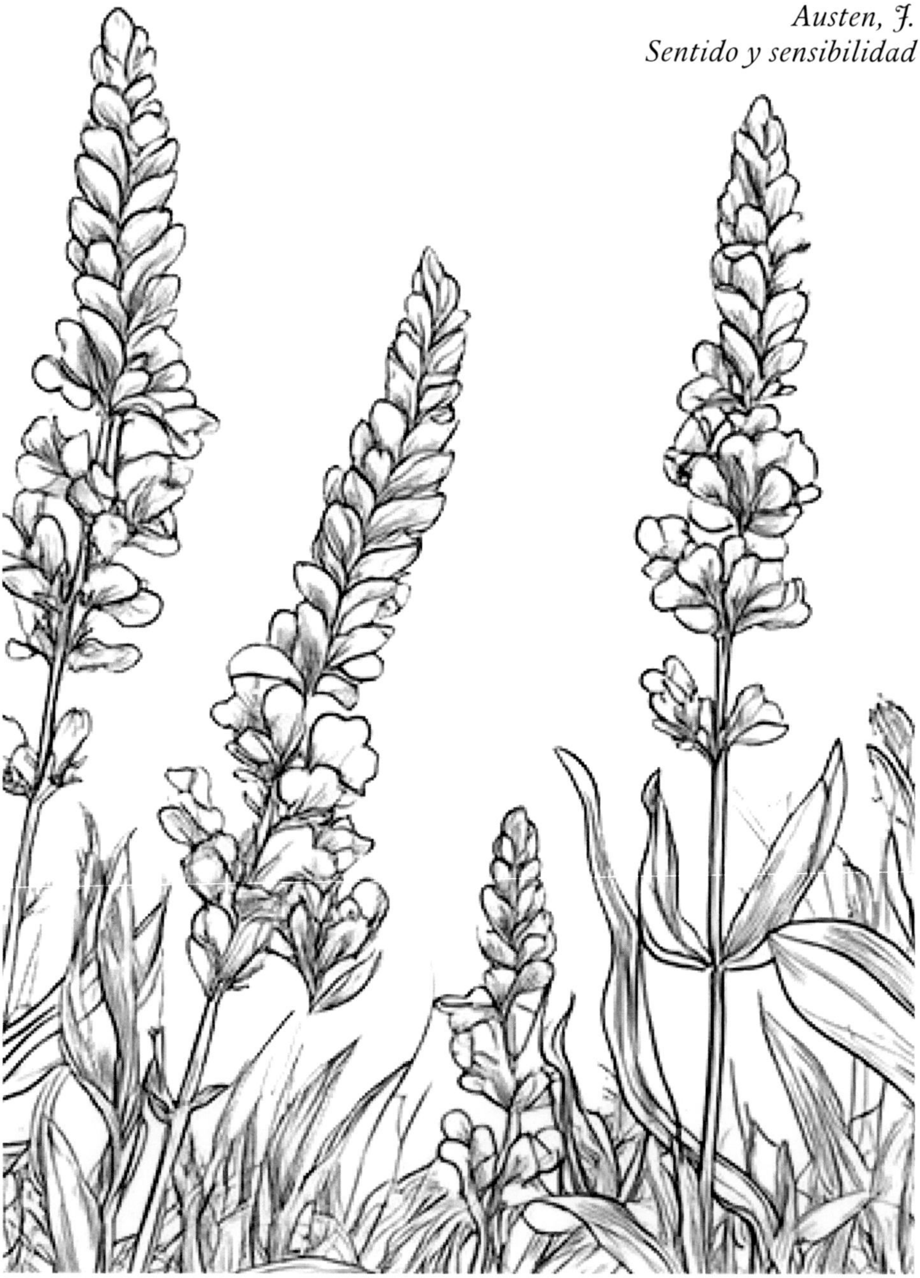

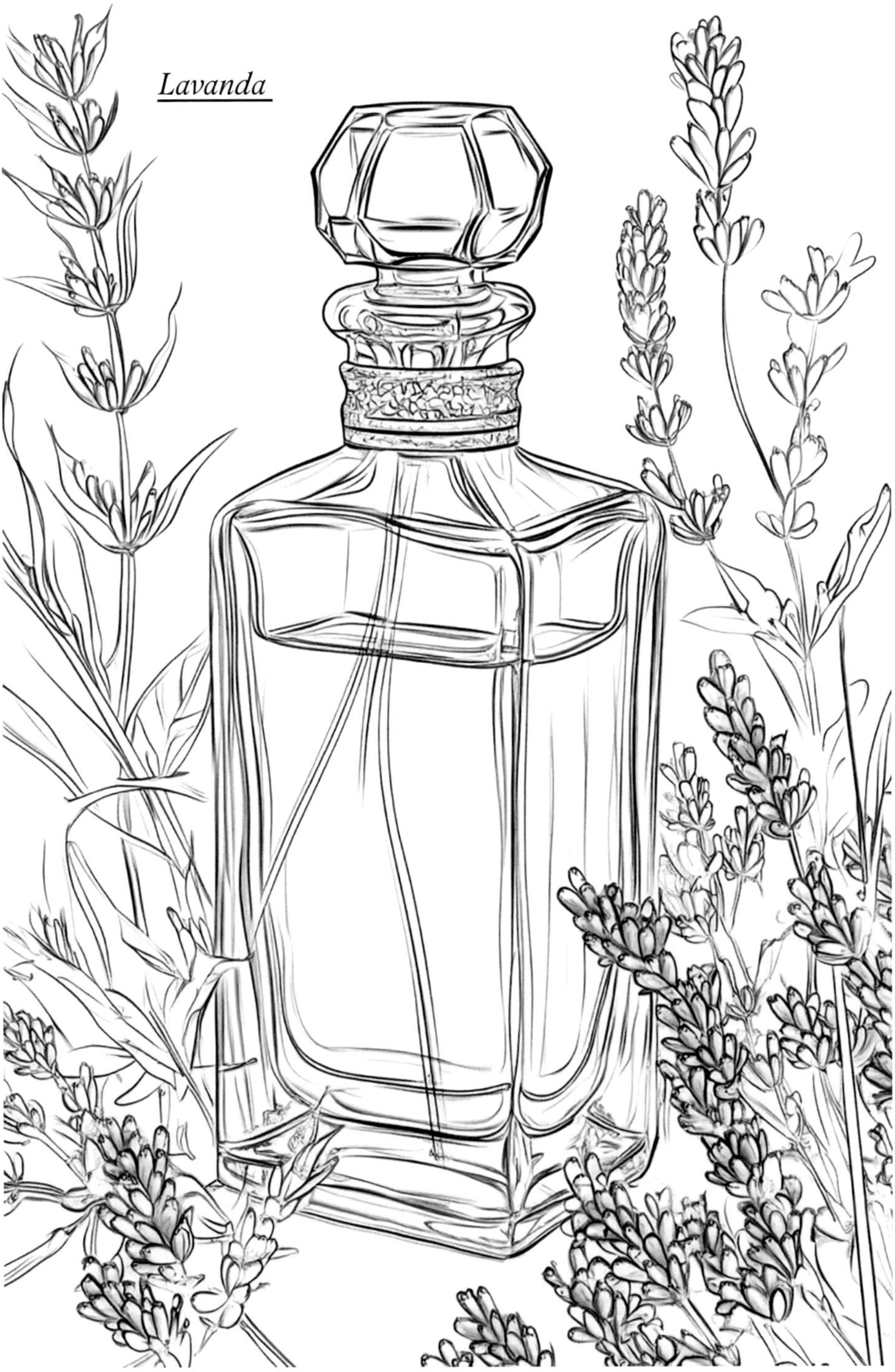
Lavanda

Lavanda, *Lavandula angustifolia*

Nativa de la región mediterránea, principalmente del sur de Europa, norte de África y partes de Asia occidental. Los antiguos egipcios la utilizaban en el proceso de momificación. Se ha encontrado evidencia de su uso en las tumbas faraónicas, y también se cree que se usaba como perfume y en baños rituales.
Los griegos la usaban en medicina para tratar diversos males, como problemas digestivos o dolores de cabeza. Los romanos la empleaban en sus famosos baños públicos. De hecho, la palabra "lavanda" proviene del latín *lavare*, que significa "lavar", y con ella aromatizaban el agua de baño y las prendas de vestir.

Durante la Edad Media en Europa, la lavanda fue ampliamente utilizada en monasterios y jardines medicinales. Los monjes cultivaban lavanda por sus propiedades curativas, especialmente para tratar heridas e infecciones. También se usaba como repelente de insectos y se colgaba en las habitaciones para proteger contra enfermedades, como la peste.

En Inglaterra, la reina Isabel I era una gran admiradora de la lavanda, y pedía que su té fuera perfumado. Más tarde, la reina Victoria la popularizó en la Inglaterra del siglo XIX, donde se usaba para perfumar el lino y también en cosméticos.

Significado emocional y cultural

Desde la antigüedad, su fragancia se ha asociado con la limpieza y la pureza. En la Edad Media se consideraba una planta protectora. También ha simbolizado , calma y serenidad. Hoy en día, continúa siendo símbolo de tranquilidad y bienestar.

En la época victoriana, simbolizaba la devoción y el amor duradero. Aún hoy, muchas parejas eligen la lavanda para decorar sus bodas, buscando impregnar su unión con una promesa de fidelidad y tranquilidad.
Jane, hace referencia de forma expresa en en *Sentido y sensibilidad,* Marianne está a punto de desmayarse por el impacto que le causa una noticia, y su hermana, Elinor, la reanima con agua de lavanda. En este momento, la lavanda actúa como un puente entre ambas, ofreciendo a Marianne un respiro emocional y físico, ella es la sensibilidad [emoción], frente al sentido [razón] de Elinor. Un precioso equilibrio entre la emotividad de una, y el autocontrol de la otra.

Usos y propiedades

En la medicina tradicional, la lavanda se aplica sobre la piel para aliviar quemaduras leves, picaduras de insectos y heridas menores, gracias a sus propiedades antiinflamatorias y antimicrobianas.
En la industria cosmética se utiliza en jabones y otros productos por su fragancia y beneficios para la piel.
Otro uso interesante, es el culinario en pequeñas cantidades, especialmente en postres y tés, aportando un toque floral.
Por último, en el hogar, la lavanda se utiliza para perfumar ambientes y alejar insectos como repelente natural.

AGUA DE LAVANDA

Al igual que Elinor cuida de su hermana reanimándola con agua de lavanda, vamos a mimarnos haciéndola de forma casera mientras, disfrutamos del proceso en calma y paz.
Una vez hecha tendremos un tónico facial, un spray refrescante, agua de planchado y un aromatizador para un baño caliente y relajante.

¿Qué necesitas?

1/4 de taza de flores de lavanda secas
Agua destilada
1 cucharada de vodka

En una olla, dispón las flores y cúbrelos con agua destilada.

Calienta el agua a fuego lento hasta que esté a punto de hervir.

Reduce el fuego y deja que infusionen durante 15-20 minutos.

Apaga el fuego y deje enfriar la mezcla.

Cuela el líquido y añade la ccharada de vodka, es un conservante natural.

Transfiere el agua a un frasco limpio y esterilizado.

Tips

No es conveniente utilizar lavandín (una especie híbrida entre lavanda inglesa y espliego).

El agua de lavanda casera dura aproximadamente un mes en la nevera.

Guarda siempre en un lugar fresco y oscuro para preservar mejor sus propiedades.

Si notas cualquier cambio en el olor o la apariencia, descártala.

Sí, ya recuerdo -exclamó Emma-, lo recuerdo perfectamente... Hablaban de cerveza de pruche... ¡Oh, sí! El señor Knightley y yo decíamos que nos gustaba, y el señor Elton parecía empeñado en que le gustara también.

Emma

Austen, J.

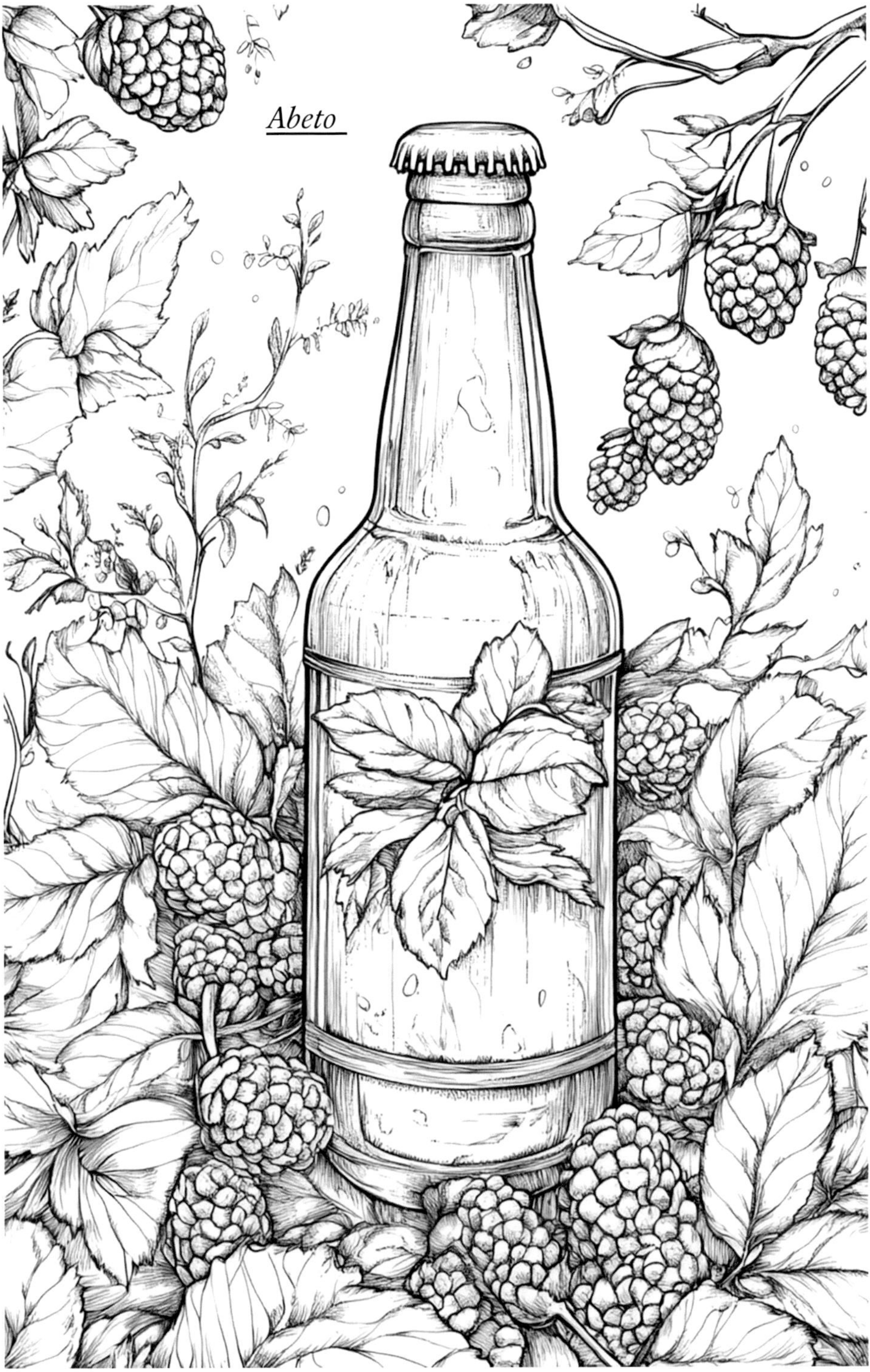
Abeto

Abeto común, *Abies alba*

Nativo de las regiones frías y templadas del hemisferio norte, con una gran diversidad en Europa, Asia y América del Norte. Es conocido por su resistencia y longevidad, lo que le permite crecer en terrenos montañosos y, a menudo, en condiciones difíciles.

El abeto ha estado presente en Europa desde tiempos antiguos y ha pasado por fases de expansión, refugio y adaptación hasta integrarse profundamente en la cultura y el paisaje europeo.

Significado emocional y cultural

En la mitología nórdica y celta, los abetos eran símbolos de inmortalidad y renovación, ya que permanecen verdes durante todo el año. Esto les confería un estatus de "árboles eternos", otorgándoles un carácter sagrado. Los celtas, por ejemplo, lo consideraban un símbolo de fortaleza y protección, y creían que sus ramas protegían los hogares contra los malos espíritus.

A partir del siglo XVI, el abeto adquirió un nuevo significado en Europa con la tradición del árbol de Navidad surgida en Alemania. Se comenzó a decorar con frutas, nueces y posteriormente, con velas. La costumbre se extendió en Europa gracias a su adopción por la realeza y la aristocracia, y en el siglo XIX, los abetos navideños se hicieron populares en Inglaterra, por influencia del príncipe Alberto, esposo de la reina Victoria. De allí, la tradición viajó rápidamente a otros países europeos y a América.

En el lenguaje de las flores, el abeto simboliza la fortaleza, la perseverancia y la esperanza, como árbol perenne que permanece verde durante todo el año, incluso en los climas más fríos.

Jane utiliza magistralmente la referencia a la cerveza de abeto o cerveza de *pruche*, para enfatizar cómo los personajes proyectan y reflejan diferentes niveles de autenticidad. *Spruce beer* es una bebida inusual y rústica, asociada con la vida rural, el Sr. Elton con su carácter complaciente y algo servil finge interés en una bebida que realmente no parece gustarle.

Usos y propiedades

Spruce beer se elabora con brotes tiernos de abeto rojo o falso abeto, *sprouce*, ricos en vitamina C, y nació como solución para prevenir el escorbuto, especialmente en invierno cuando no había frutas frescas. Esta bebida permitía a marineros y colonos obtener los nutrientes necesarios durante la temporada fría.

Los abetos han sido valorados en medicina natural; sus agujas y resina se usaban para aliviar problemas respiratorios. Su aroma y aceites esenciales, considerados purificadores, se empleaban en rituales de limpieza espiritual.

En la actualidad se utiliza ampliamente en la industria maderera, la producción de papel, y por supuesto, es fundamental en las celebraciones de navidad.

CERVEZA DE ABETO (SPRUCE BEER)

Esta receta evoca un sabor único, casi tan irónico como un comentario de Emma Woodhouse o una observación socarrona del señor Knightley. Rica en vitamina C y refrescante, la cerveza de abeto promete fortaleza tanto para el corazón como para el gusto, permitiendo esa sutileza irónica que Jane siempre emplea con maestría.

¿Qué necesitas?

2 tazas de brotes de abeto fresco
4,5 litros de agua
660 gr de azúcar moreno
170 gr de miel (opcional, para un toque más dulce)
Zumo de un limón
1 cucharadita de levadura para cerveza

Lleva el agua a ebullición, agrega los brotes de abeto y deja hervir suavemente durante 30 minutos para que liberen sus aceites y sabor.

Añade la melaza y la miel, remueve hasta que se disuelvan totalmente.

Retira la olla del fuego, transfiere el líquido a un recipiente de fermentación.

Deja que se enfríe. Añade el zumo de limón y, finalmente, la levadura.

Cubre con un paño y fermenta durante 3-5 días a temperatura ambiente (20-25°C).

Embotella la cerveza en botellas con tapa y refrigérala.

Dejar reposar 2-3 días para carbonatación natural.

Tips

Utiliza levadura de panadería si es difícil conseguir la de cerveza.

Puedes añadir jengibre fresco para dar un toque picante.

Debes tomarla fría.

El contenido alcohólico es bajo, aproximadamente 2-3%.

Tradicionalmente se usaba como fuente de vitamina C para prevenir el escorbuto

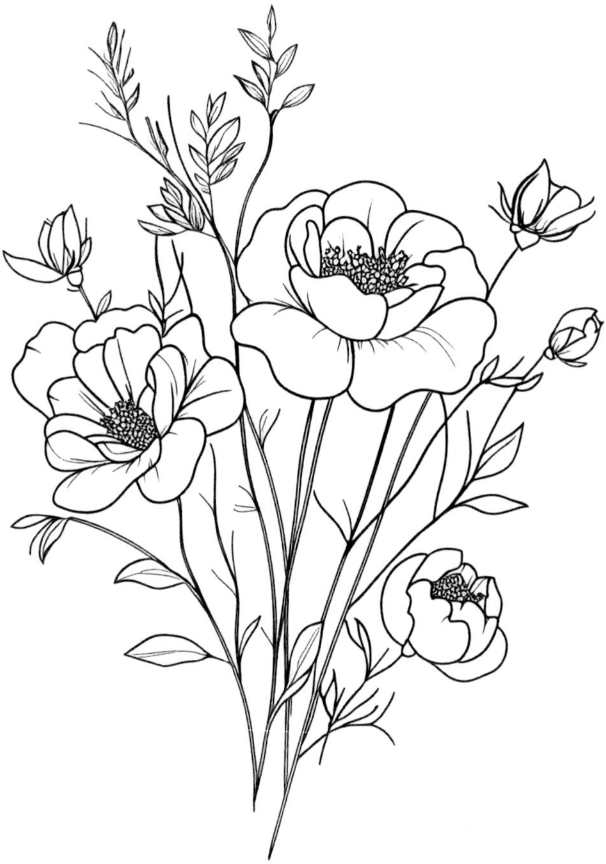

Un abrazo
Lu